A.T.T.I.T.U.D.E.

A chave para o sucesso

Gabriel Silva

A.T.T.I.T.U.D.E.

A chave para o sucesso

© 2014 - Gabriel Silva
Direitos em língua portuguesa para o Brasil:
Matrix Editora - Tel. (11) 3868-2863
atendimento@matrixeditora.com.br
www.matrixeditora.com.br

Diretor editorial
Paulo Tadeu

Capa
Alexandre Santiago

Diagramação
Daniela Vasques

Revisão
Silvia Parollo
Lucrécia Freitas

Dados Internacionais de Catalogação na Publicação (CIP)
SINDICATO NACIONAL DOS EDITORES DE LIVROS, RJ.

Silva, Gabriel
Attitude: a chave para o sucesso / Gabriel Silva. - 1a. ed. - São Paulo: Urbana, 2014.

Inclui bibliografia

1. Relações trabalhistas. 2. Relações humanas. 3. Motivação. 4. Sucesso. I. Título.
13-07469

CDD: 158.1
CDU: 159.947

Ouse conquistar a si mesmo.

Nietzsche

Agradecimentos

Agradecer é um gesto de gratidão. É a arte de retribuir.

À minha esposa, Isabel, aos meus filhos Amanda, Gabriel, Marcelo e Ricardo (in memoriam) pela força e pela paciência. Tenho muito orgulho de suas conquistas.

À Mara Pascotto, sócia-fundadora da Via Log Soluções, que me incentivou a escrever este livro quando era apenas uma ideia.

Ao Daniel Bruin, sócio da SPGA Comunicação, um grande parceiro neste projeto.

Ao Gustavo Segré, professor, empresário e diretor do Center Group, pela leitura e pelo endosso deste trabalho.

Ao meu amigo Américo Martins Craveiro, pelas valiosas dicas.

Ao professor, palestrante e autor José Predebon, pela gentileza do prefácio.

Agradeço a todos meus ex-chefes, diretores, colegas e àqueles que fizeram parte de minhas equipes e uma dedicação especial aos meus mentores, formais ou informais, não importa, mas foram mestres que a vida colocou em meu caminho.

Agradeço e dou graças a Deus por essa missão cumprida.

Sumário

Prefácio..11
Introdução...13

Capítulo 1
Abilities (Habilidades)...19
Conhecimento...20
Habilidades: aprimore o seu talento.................................23
Atitudes..25
Competências...29
Competências técnicas..31
Competências pessoais e comportamentais.....................33
A importância do autoconhecimento...............................35
O poder da autoconfiança..38

Capítulo 2
Training (Treinamento)..43
A importância da aprendizagem......................................48
A força da motivação..50
Tenha uma mente curiosa..54
Fui promovido. E agora, o que eu faço?..........................56
A importância do feedback no processo de desenvolvimento..........58

Capítulo 3
Time (Tempo)...63
Matriz de Gestão do Tempo...67
Cinco dicas para aumentar sua produtividade................73
Princípio 80/20 – Lei de Pareto..75
Fazendo a sua própria Matriz de Gestão do Tempo........79

Capítulo 4
Image (Imagem)..83
A importância de uma imagem pessoal positiva.............85

Os atributos de uma marca pessoal...88
Desvendando sua marca pessoal...91
Como planejar a criação de sua marca pessoal............................93

Capítulo 5
Threats (Ameaças)..97
Os principais hábitos e comportamentos indesejáveis..............101
Transformando crenças negativas em crenças fortalecedoras.....107
O poder dos nossos pensamentos..109
As principais limitações pessoais..115
Identificando as 10 principais limitações fatais.........................117
A superação das limitações pessoais..123
As armadilhas da mente humana...125

Capítulo 6
Union (União)..133
A importância de estabelecer relacionamentos e parcerias......136
Uma habilidade vital: a comunicação...140
A importância de um mentor...142
O papel do coach...144

Capítulo 7
Direction (Direção)..149
Definindo os seus objetivos e suas metas.....................................152
A importância do planejamento...158
Tenha disciplina na execução do seu plano de ação................160
Mantenha o foco nos seus objetivos..162
Ação..164

Capítulo 8
Excellence (Excelência)...169
O fantástico poder das ideias..174
Brainstorming (Tempestade de ideias)..179
Análise SWOT...181
Ciclo PDCA..184
Seja o protagonista de sua história...187
Bibliografia...191

P.R.E.F.Á.C.I.O.

Como apoiar um planejamento de carreira? Como transmitir a experiência adquirida em uma bem-sucedida trajetória profissional? Como traçar o caminho das pedras? Como ensinar o pulo do gato? Frente a essas perguntas bem respondidas pelo caprichado texto de Gabriel Silva em *ATTITUDE – A chave para o sucesso*, surge a seguinte reflexão: ah, como é importante compartilhar conhecimento e experiências, e como isso pode fazer a diferença às pessoas interessadas!

A leitura de quem se determina a otimizar sua carreira é o passo inicial de uma jornada de mudança de hábitos e atitudes, na direção de um futuro sonhado. Cabe aqui lembrar que mudanças não são fáceis, pois sempre geram desconforto, mas são necessárias para atingir novas metas. Podemos ver um hábito que queremos adotar como um sapato novo, que nunca é cômodo como o velho, mas que com o tempo será assimilado.

Repleto de exemplos e testemunhos, *ATTITUDE – A chave para o sucesso* certamente irá inspirar os que se propõem a construir seu sucesso com os pés no solo firme da consistência. Este livro contém muita informação, que, ao cruzar com a personalidade e a formação das pessoas, será para elas de inestimável valor. Lembro, para concluir, uma sábia reflexão de Voltaire, que afirmou: "O leitor atento sempre pode ir além do autor". Esse talvez seja um desafio bonito e construtivo a ser adotado – é o que eu sugiro, desejando a todos uma feliz e proveitosa leitura.

José Predebon
Professor, autor do livro
*Criatividade abrindo o
lado inovador da mente.*

I.N.T.R.O.D.U.Ç.Ã.O.

*Você não pode mudar o vento,
mas pode ajustar as velas.*

Confúcio

Muita gente acha que o sucesso está relacionado à sorte, à formação acadêmica ou ao talento nato. Certamente a educação, o ambiente e o talento exercem uma influência poderosa, mas não são necessariamente determinantes para alcançar o sucesso na vida pessoal ou profissional. Há pessoas talentosas, com excelente educação, que têm tudo para conquistar o sucesso, mas não são bem-sucedidas. Por que isso acontece?

O sucesso não acontece por acaso, é uma jornada. É uma caminhada, não um ponto de chegada! O sucesso é uma questão de mérito individual: é fruto das nossas escolhas, um caminho escolhido por cada pessoa. A história do homem livre nunca é escrita pela sorte, mas sim por suas próprias escolhas. Portanto, o sucesso é consequência, não objetivo!

É um processo. Caso compreenda as regras e os princípios fundamentais desse processo e desenvolva as habilidades essenciais, você poderá alcançar resultados extraordinários. Esse é um caminho composto por etapas que precisam ser cumpridas; são os passos que devem ser percorridos para alcançar o que se deseja. Dale Carnegie, escritor e orador norte-americano, considerado um gênio e um cientista das relações humanas tanto da vida pessoal quanto profissional, e autor do livro *Como fazer amigos e influenciar pessoas*, disse que "sucesso é conseguir o que você deseja; felicidade é desejar o que você já tem".

Para ajudar o leitor a compreender o caminho que poderá levá-lo ao sucesso, criei uma metodologia que batizei de ATTITUDE. É uma ferramenta poderosa para aqueles que buscam conquistar o sucesso pessoal e profissional. Ao compreender essa metodologia, seus conceitos e princípios e incorporar as dicas práticas deste livro em seu dia a dia, você poderá alcançar seus objetivos pessoais e profissionais.

Com a intenção clara de ser um guia de fácil aplicação a qualquer pessoa, este livro contempla a importância das habilidades, das competências, da gestão eficiente do tempo, do poder dos relacionamentos pessoais, do valor inestimável de uma imagem pessoal positiva e da importância de manter o foco em seus objetivos e em suas metas. Aborda também outros fatores determinantes do sucesso, como o autoconhecimento, a autoconfiança, a persistência, o esforço e as atitudes.

Analisaremos nesta obra, ainda, as principais limitações pessoais além de os comportamentos indesejáveis. Certos comportamentos prejudicam nossa imagem e limitam a ascensão à carreira profissional. Outros prejudicam nosso relacionamento pessoal e familiar. Os comportamentos indesejáveis e as limitações pessoais são inimigos internos, e precisam ser eliminados através de mudança comportamental.

Cada pessoa é única, e, da mesma forma, o sucesso é diferente para cada indivíduo. Mas, qualquer que seja o significado, é preciso acreditar no sucesso para alcançá-lo. Habilidades, atitudes, persistência, autoconfiança, motivação e uma imagem pessoal positiva são atributos pessoais fundamentais para quem está em busca do sucesso pessoal e profissional.

O sucesso não é determinado pelo que está acontecendo conosco, mas pelo que fazemos com esses eventos. É você quem decide como se sentir ou agir. Sucesso é algo que se aprende, e, ao aprender sobre ele, podemos vencer em qualquer atividade. Não importa onde você está agora, o essencial é que esteja disposto a aprender e saber lidar com as pequenas falhas ou fracassos. Fracassos são inerentes a todas as esferas das atividades humanas – pessoais ou profissionais –, e a maneira como lidamos com eles determina nossa trajetória na vida. Aprender a identificar os problemas e a responder de forma rápida para limitar os danos e resgatar os nossos esforços pode ser, em última instância, um fator determinante do sucesso. Nossas atitudes e a coragem para continuar a luta podem ou não nos levar a ele.

O sucesso não é algo que nos acontece; nós é que acontecemos para o sucesso.

Para desenvolver esse modelo, usei minha experiência de vida pessoal, de origem humilde a profissional bem-sucedido como executivo da Nestlé Brasil, onde trabalhei durante 34 anos. Muitas ideias não são minhas. Tomei-as emprestadas de pensadores e cientistas das relações humanas e do sucesso pessoal e profissional, como Sócrates, Napoleon Hill, Dale Carnegie, Anthony Hobbins e Jesus (o maior líder de todos os tempos), e de muitos livros, artigos e publicações de vários autores. Também utilizei conceitos, técnicas e ferramentas que aprendi no programa de formação de Coach Pessoal e Profissional e Executive Coaching na Sociedade Brasileira de Coaching. Este livro é resultado de tudo isso. Mas ninguém é dono da verdade, motivo pelo qual cada indivíduo, usando a arte da dúvida e da crítica, pode tirar as suas próprias conclusões.

Alguns tópicos são de fácil compreensão, como a importância do treinamento e da prática para o desenvolvimento de suas habilidades e a gestão do tempo e da imagem pessoal, que serão abordados de uma forma mais rápida, apesar de sua grande importância para o entendimento da metodologia. Assim, poderemos dedicar mais tempo e nos aprofundar em outros tópicos mais complexos e que exigem um pouco mais de reflexão, crítica interna e autoconhecimento. Por isso, convido o leitor a permanecer com a mente e o coração abertos, pois mesmo que seja uma pessoa bem-sucedida, poderá usufruir as dicas e se tornar uma pessoa ainda mais competente e realizada.

Ninguém alcança o sucesso de uma hora para outra, salvo raras exceções. Mesmo Bill Gates, o legendário criador da Microsoft, Steve Jobs, fundador da Apple, e Mark Zuckerberg, do Facebook, ícones da inovação tecnológica das últimas três décadas, levaram algum tempo para ter seus trabalhos reconhecidos. Portanto, fica aí uma dica: em qualquer circunstância, é preciso acreditar em si mesmo e lutar por seus sonhos.

É isso que a metodologia *ATTITUDE – A chave para o sucesso* propõe. É um conjunto de competências essenciais, dicas e ferramentas valiosas que podem ser aplicadas em nosso dia a dia, de maneira simples, passo a passo. É por meio de pequenas e sucessivas conquistas que vamos alcançar outras bem maiores. Espero que elas possam ser capazes de encorajá-lo a ser protagonista da sua própria história, da sua própria vida, e alcançar coisas fantásticas, extraordinárias.

Há um ditado que diz: "Ninguém tropeça em pedra grande, tropeçamos nas pequenas pedras". Nosso grande desafio é desviar das pequenas pedras do caminho: é preciso parar de ter medo. É preciso parar de se esconder, de ser conduzido, de pensar pequeno, de fingir que os nossos talentos não existem. Em vez disso, é preciso que você possa conduzir sua própria vida, fazer o seu talento sobressair, libertar-se de seus medos. É preciso pensar grande, ir à luta, deixar sua luz brilhar e compartilhar seu talento.

Dar pequenos passos de maneira sucessiva na direção dos seus objetivos é uma questão de atitude. Se você está verdadeira e plenamente convicto de que pode alcançar o sucesso, o universo irá conspirar a seu favor. A partir do momento que você se comprometer e colocar foco em seus objetivos e em suas metas, tudo ao seu redor irá fluir em sua direção. Mas você precisa se comprometer, e comprometimento significa dedicar-se incondicionalmente.

Para ter sucesso é preciso pensar grande e acreditar em si mesmo. Essa é uma condição básica. A maioria das pessoas não se julga suficientemente competente ou capaz de realizar coisas extraordinárias ou acredita que não é merecedora do sucesso. Temos um dom inalienável dado por Deus: nosso potencial ilimitado. É preciso desenvolver e explorar esse potencial ao máximo e acrescentar valor à nossa vida e à de outras pessoas, usando plenamente nosso conhecimento, talentos e habilidades.

Como já disse, o sucesso é uma questão de escolha, e nossas escolhas é que determinam – em última instância – o resultado de nossas ações. Se você se encontra no rol das pessoas que estão dispostas a enfrentar o caminho do sucesso, minha expectativa é que este livro possa ajudá-lo em sua trajetória, em sua busca da chave para o sucesso!

A metodologia ATTITUDE é um acrônimo em inglês, formado por oito palavras, que significa:

Abilities (Habilidades): a importância do conhecimento, das habilidades, atitudes e competências.

Training (Treinamento): o desenvolvimento das habilidades com a prática.

Time (Tempo): a importância da gestão eficiente do tempo.

Image (Imagem): a força da nossa marca pessoal.

Threats (Ameaças): as ameaças de nossas limitações pessoais.

Union (União): a capacidade de estabelecer relacionamentos e parcerias valiosos.

Direction (Direção): a importância de definir e planejar os objetivos e as metas.

Excellence (Excelência): a busca constante da excelência.

Cada tópico será abordado em um capítulo, e cada um faz parte do segredo da chave para o sucesso. A leitura do livro poderá ser feita na ordem sequencial ou alternada, a critério do leitor, sem prejuízo ao entendimento de seu conteúdo.

Meus dois principais objetivos ao escrever este livro são: primeiro, que ele possa ser útil para muitas mudanças e que você possa alcançar resultados extraordinários em sua vida; e segundo, que você possa aplicar e ensinar aos outros sistematicamente o que aprender.

Coloque em prática a metodologia indicada neste livro e você terá a oportunidade de compreender os elementos fundamentais que norteiam o sucesso pessoal e profissional e se transformar numa pessoa bem-sucedida.

Boa leitura!

O autor

C.A.P.Í.T.U.L.O. 1

Abilities (Habilidades)

CONCENTRE-SE NOS SEUS PONTOS FORTES

Abilities (expressão em inglês que significa habilidades) é o primeiro capítulo deste livro e o primeiro pilar da metodologia *ATTITUDE – A chave para o sucesso*. Serão abordados neste capítulo o conhecimento, as habilidades e atitudes, além das competências e a teoria do ser, saber e fazer. Este capítulo é o alicerce, a base que sustenta a busca da chave para o sucesso.

Se desejarmos fazer pequenas mudanças em nossas vidas, basta dedicar um pouco mais de esforço na prática de nossas funções e ter um pouco mais de atenção em nossos comportamentos e atitudes. Por outro lado, se desejarmos fazer mudanças mais significativas, que sejam capazes de gerar transformações em nossas vidas, temos que dedicar um esforço maior no aperfeiçoamento de nossas habilidades, desenvolver nossas competências e mudar nossas atitudes. Além disso, temos que incluir outro ingrediente na fórmula: a aquisição de novos conhecimentos.

Aprender é uma das necessidades básicas do ser humano desde os primórdios da civilização. Aprender é inerente ao processo de crescimento e desenvolvimento. Não há desenvolvimento sem conhecimento, sem aprendizagem. Estamos vivendo na Era do Conhecimento, com grandes inovações tecnológicas e que, pela sua velocidade, já representa um grande desafio para todos nós.

Conhecimento

O homem é aquilo que sabe.

Francis Bacon

O Brasil, até a década de 1960, era um país predominantemente agrícola, com mais de 50% da população vivendo na zona rural. Apenas 50 anos depois, segundo o Censo de 2010, realizado pelo IBGE, somente 15,6% das pessoas continuam morando na zona rural. Essa tendência de urbanização ocorre no mundo todo. Mudamos da Era Agrícola para a Era Industrial e para a Era da Informação (e do Conhecimento) num período muito curto de tempo. A fonte primária do valor mudou de terra, capital e trabalho – teoria estudada nos cursos de economia – para o conhecimento.

O ativo mais valioso das empresas na Era Industrial eram as máquinas de produção e o capital. Na Era da Informação/Conhecimento, o ativo mais valioso das empresas são as pessoas e sua produtividade. O uso intenso da tecnologia, com a invenção do computador pessoal, da rede de computadores, da fibra óptica e da internet, provocou uma revolução. Com essa revolução, a necessidade de aprender e desenvolver novas habilidades passou a ter uma importância crucial. Vivemos realmente em um momento de muitas transformações, não há como negar, e cada vez mais o conhecimento é valorizado.

Há um ditado popular que diz que *informação é poder*. Informação pode ser importante, mas é apenas um dado, um número. Não passa de dados desorganizados. No mundo digital em que vivemos, a informação está disponível em um clique no Google. Mas conhecimento se constrói com dados organizados, com competência e atitudes corretas, e gera valor. Informação é como um rio que passa e deságua no oceano. Logo estará no esquecimento. Enquanto o conhecimento passa pelo desenvolvimento intelectual, pela aprendizagem, pelos sentimentos, toca o coração e a alma. Perpetua-se. Informação é *commodity* (produto primário). Conhecimento é valor, é conteúdo.

Vicente Falconi, um dos consultores empresariais brasileiros mais conceituados e autor do livro *O verdadeiro poder* (Editora INDG, 2009), diz: "O verdadeiro poder está no conhecimento". Mas o conhecimento por si só não cria valor. O valor é criado quando o conhecimento é utilizado no desenvolvimento pessoal, na definição de estratégias, na construção de planos de ação e na execução de tarefas e atividades. O valor que se pode criar e acumular com o conhecimento é ilimitado, exceto as barreiras que você estabelece para si mesmo.

O profissional do futuro é o do conhecimento. Qualquer que seja sua área de atuação, continuar se aperfeiçoando é uma virtude para quem pensa adiante. O conhecimento torna fácil um assunto complexo. Quanto mais conhecimento você tiver sobre sua área de atividade, mais coragem e confiança você vai ter para executar suas tarefas, apoiar suas decisões, expor suas ideias. Além do mais, você terá base para inovar. Ter conhecimento, saber fazer a leitura correta do assunto e ter motivação para alcançar o melhor desempenho no trabalho são qualidades muito apreciadas no mercado. E o melhor: com elas, maior será a sua autoestima e a sensação de poder. O conhecimento é um diferencial competitivo para alavancar a carreira e obter sucesso pessoal e profissional. Albert Einstein disse: "As pessoas podem tirar tudo de você, menos o seu conhecimento". Conhecimento é poder!

Quanto mais você aprender e ampliar seu repertório, seja profissional liberal, contador, vendedor, marceneiro, metalúrgico, engenheiro, advogado ou analista de investimentos, maior será sua chance de se tornar uma pessoa bem-sucedida em sua especialidade ou área de atuação. Comprometa-se com seu crescimento. Dedique muita atenção, tempo e energia para aprender continuamente. Existem várias formas de aprendizado contínuo: cursos de especialização, treinamentos, livros, CDs, palestras e seminários.

O importante é ter sede de conhecimento em sua área e dedicar pelo menos uma hora por dia a seu aprimoramento pessoal.

Como disse Alvin Toffler: "Os analfabetos do século XXI não serão aqueles que não saberão ler ou escrever. Serão aqueles que não conseguirão aprender, desaprender e reaprender".

O conhecimento é um elemento essencial para o desenvolvimento pessoal e profissional e para a execução de nossas tarefas e atribuições. Possuir o domínio de conhecimentos – científicos ou técnicos, específicos de alguma área ou assunto – pressupõe que você está apto para analisar, avaliar, discutir e executar de maneira correta, tomar decisões para o dia a dia, encontrar soluções para as situações imprevistas e gerar melhorias de forma contínua em sua área de conhecimento. Conhecimento é competência para agir.

Mas você precisa estar disposto a aprender e utilizar o seu conhecimento de maneira proativa, com engajamento e comprometimento. A atitude é que faz a grande diferença! Seu conhecimento, autoconfiança, motivação e esforço fazem parte do caminho para encontrar a chave para o sucesso.

Habilidades: aprimore o seu talento

Somos o que repetidamente fazemos.
Aristóteles

Para produzir apenas alguns poucos gramas de diamante, é preciso muitas toneladas de rocha sob uma pressão incalculável por milhares de anos. Depois de encontrado em seu estado bruto, o diamante precisa ser lapidado e polido, o que lhe dá uma forma única, uma personalidade singular. De acordo com a perfeição desse trabalho, o diamante receberá uma classificação, que determinará, finalmente, seu valor de mercado.

Assim como o diamante, que precisa
ser lapidado e polido para se tornar
mais valioso, o mesmo acontece com
nossas habilidades.

Elas precisam ser aprimoradas, desenvolvidas, aperfeiçoadas. Quanto melhor a qualidade e a intensidade desse aprimoramento, melhor poderemos executar nossas tarefas.

Vencer na vida depende de trabalho duro, capacidade de superação e muito treinamento. Para encontrar a chave para o sucesso, é necessário retirar muitas pedras do caminho e permanecer focado no resultado final e em seus objetivos.

O sucesso em qualquer carreira relaciona-se intimamente com fazer o que você gosta e desenvolver os próprios talentos e habilidades.

Habilidade é o conjunto de aptidões, competências técnicas funcionais ou pessoais – além do talento natural – para desenvolver determinadas atividades. As habilidades devem ser desenvolvidas na busca das competências.

Para aperfeiçoar seus talentos, você precisa ignorar milhares de informações e se concentrar naquilo em que é melhor e se tornar referência em seu campo de atuação. O segredo é ter foco. Especialize-se em áreas em que você é talentoso e faça a diferença. Concentre-se nos seus pontos fortes. A era do generalista, aquele que sabe um pouco sobre tudo, mas não sabe muito sobre nada, acabou. Tenha foco!

Se você tem uma habilidade específica bem desenvolvida, bom *networking* e grande capacidade de comunicação, alguém vai encontrar, contratar ou promover você. Se estiver disposto a trabalhar para desenvolver suas habilidades, tiver comprometimento e gerar resultados excelentes, certamente será recompensado.

As pessoas não são iguais, mas todas têm oportunidades para desenvolver suas habilidades. Aperfeiçoar-se como profissional e como pessoa é fazer a diferença nas grandes e pequenas coisas.

A dedicação, o esforço, a criatividade
e a persistência são características
de pessoas de sucesso.

Um método de desenvolvimento com requisitos mínimos e pouco desafiadores serve apenas para os medíocres e para quem quer ficar na zona de conforto.

As pessoas devem ser estimuladas, desafiadas e se automotivarem para desenvolver e usufruir plenamente seus talentos. No Capítulo 2 abordaremos a importância do treinamento e da prática para o desenvolvimento de suas habilidades.

Atitudes

> *A última das liberdades humanas é escolher que atitude tomar em quaisquer circunstâncias, escolher o seu próprio caminho.*
>
> Dr. Viktor Frankl

Suas atitudes demonstram quem você realmente é. Elas mostram como você utiliza seu potencial, maximiza seu tempo, demonstram como se motiva e supera obstáculos. **O que você tem todo mundo pode ter, mas o que você é ninguém pode ser.**

Você pode ter um vasto conhecimento e ser competente em sua especialidade ou área de atuação, mas sua atitude é algo que pode fazer a diferença em sua vida. Sua atitude é mais sincera e consistente a respeito de você mesmo que suas próprias palavras. Não há nada em sua vida que não seja afetada por sua atitude. Ela provoca mudanças pessoais e profissionais e determina o seu sucesso!

Diversos fatores, como medo, insegurança e até mesmo comodismo, podem estar associados à falta de atitude. Mas, para alcançar a chave do sucesso, é necessário arriscar, tornar a curiosidade aguçada, estar engajado, comprometido e, acima de tudo, confiar em si mesmo para chegar aos melhores resultados.

Buscar novas soluções, usar seus conhecimentos e habilidades, fazer as coisas de maneira diferente e com eficiência, posicionar-se diante dos desafios e das dificuldades do dia a dia com postura positiva e contribuir na solução de problemas enfrentados na vida pessoal e profissional com proatividade é uma questão de atitude e um fator decisivo em sua carreira, no ambiente familiar e nos relacionamentos pessoais.

Pessoas proativas não ficam esperando a sorte chegar. Elas trabalham duro na busca de seus objetivos e metas.

Pessoas proativas não ficam reclamando da vida. Sabem que nada é fácil, mas, enquanto os pessimistas e reativos permanecem se lamentando, as pessoas proativas estão buscando soluções. E, com suas iniciativas, contribuem para mudar o rumo das coisas.

A atitude vem principalmente de nossa personalidade, do ambiente ao qual fomos expostos quando crianças, do ambiente atual à nossa volta, da autoimagem e das experiências que moldam nosso modo de pensar. A atitude não vem de fora. Ela vem de dentro de nós. Ela é de nossa responsabilidade, não dos outros!

O sucesso tem tudo a ver com atitude.
Jimmy Dunne

Quando se trata de lidar com pessoas ou com a gestão delas, a atitude se torna crucial e faz toda a diferença. Para ter sucesso é preciso ser capaz de trabalhar bem com os outros. Muitos princípios sobre a capacidade de construir relacionamentos e de trabalhar com as pessoas se baseiam na atitude. Nesse caso, sua atitude faz a grande diferença.

Tomemos como exemplo a história trágica do médico Viktor Frankl, que milagrosamente sobreviveu aos campos de concentração nazistas na Segunda Guerra Mundial, e, após a guerra, decidiu usar sua experiência para ajudar os outros. Uma de suas frases mais importantes é: "A última das liberdades humanas é escolher que atitude tomar em quaisquer circunstâncias, escolher seu próprio caminho".

Mas a atitude não pode substituir a competência nem a experiência. Se você acha que pode fazer algo, isso é confiança. Se puder fazê-lo, é competência. Ter atitudes positivas é algo que soma e dá uma vantagem. Competência, experiência e atitudes positivas é uma combinação que leva à chave do sucesso.

Problemas, obstáculos, adversidades e fracassos fazem parte e sempre estarão presentes em nossas vidas. São inevitáveis. Como você vai lidar com eles é que faz a diferença. Vai desistir? Vai deixar que as circunstâncias o abalem? Vai se esconder e adiar a decisão ou esperar o problema se resolver por si só? Ou vai fazer o melhor que puder para resolver e enfrentar a situação? O caminho que você escolher depende da sua atitude. Querer fazer e fazer é uma questão de atitude!

Uma dica valiosa para encontrar a chave para o sucesso não é tentar evitar os problemas nem se esquivar deles, mas crescer pessoalmente para se tornar maior do que qualquer adversidade. Pessoas de sucesso esperam enfrentar obstáculos e sabem que superá-los é um fato normal da vida. E para isso se planejam.

Por isso, enfrente seus desafios em vez de temê-los.

Ao reconhecer que você é o responsável por sua atitude e que ela pode mudar seu modo de vida, cultivando e desenvolvendo pensamentos e hábitos positivos, faça com que sua atitude seja sua maior qualidade. Ela pode fazer a diferença em sua vida, abrindo portas e ajudando a superar grandes obstáculos. Podemos ajudar quem deseja desenvolver suas habilidades, mas somente a própria pessoa será capaz de mudar sua atitude.

As pessoas de sucesso desenvolvem uma atitude de tenacidade. Elas se recusam a desistir e estão decididas a resistir ao fracasso. Se você quiser realizar seus sonhos, atingir suas metas e aproveitar seu potencial ao máximo, esse é o tipo de atitude que você precisa cultivar. A maneira como você reage e supera obstáculos fará a diferença entre o fracasso e o sucesso.

Para alcançar o sucesso, temos que assumir riscos e também confiar em nossa intuição. É preciso aprender a aprender. Mas o sucesso não é baseado somente em lições de êxito; precisamos aprender com os fracassos também. Quem quer crescer, se desenvolver, assumir posições de liderança, ser bem-sucedido e realizado vai cometer erros e ter fracassos na vida. Sua atitude em relação a isso é que vai fazer a diferença.

Você vai aprender com seus próprios erros, ajustar a rota e seguir em frente e construir o futuro ou vai ficar lamentando o passado e esquecer seus objetivos? Na vida é preciso assumir riscos, o que significa errar algumas vezes. É impossível não cometer erros. Confúcio disse que "você não pode mudar o vento, mas pode ajustar as velas", e às vezes não basta ajustar as velas, é preciso também consertar o barco.

O fracasso ou o insucesso provocam inquietações e desconfortos, mas é uma fonte de aprendizado que não pode ser descartada. O fracasso traz crescimento pessoal, você pode se tornar uma pessoa melhor, mais madura, mais experiente; o caminho do sucesso advém, também, daquilo que você aprende com seus próprios erros e fracassos, utilizando-os como ferramentas de motivação e aprendizado.

As competências pessoais relacionadas às atitudes são: autoconhecimento, autoconfiança, coragem, autoestima, iniciativa, persistência, motivação, assertividade e resiliência.

Competências

*O caminho do crescimento não é
necessariamente fácil ou confortável.*

Goethe

Competência é a soma de conhecimento, habilidades e atitudes que habilitam um indivíduo para desempenhar qualquer atividade na vida e possibilitam maior probabilidade de sucesso. É o conceito CHA, que significa conhecimento, habilidades e atitudes, descritos por especialistas em recursos humanos e treinamento.

Podemos afirmar que competência é o resultado das fortalezas, fruto do conhecimento, das habilidades e das atitudes de uma pessoa. É o verdadeiro diamante, as características principais de cada indivíduo, e é representada pela fórmula:

Competência = Conhecimento + Habilidades + Atitudes

Uma abordagem bastante utilizada para representar o conceito de competência é a Árvore de Competências, criada a partir da combinação dessas três dimensões (Gramigna, *Modelo de competências e gestão de talentos,* Makron Books, 2002). Ela está estruturada nos aspectos a seguir:

- O tronco da árvore e os galhos correspondem ao conhecimento: são os conceitos técnicos e gerenciais, o conhecimento dos processos, sistemas, procedimentos e normas. É o estoque de informações que a pessoa processa, armazena e utiliza quando necessário. O conhecimento está relacionado ao saber.

- A copa da árvore corresponde às habilidades: elas estão relacionadas ao talento, à capacidade técnica e funcional, à prática, ao saber fazer.

- A raiz da árvore corresponde às atitudes: trata-se do conjunto de valores, crenças e princípios. Elas estão relacionadas com a ética, a cooperação, a ação. É o querer fazer.

Para ser eficiente é necessário combinar esses três elementos: conhecimento e habilidade (saber e ter aptidão) e atitude (agir).

As competências se dividem em técnicas, pessoais e comportamentais.

Competências técnicas

As competências técnicas são aquelas obtidas através da educação formal, treinamentos, cursos de capacitação, especialização e extensão, e, com a prática, a experiência profissional. As habilidades e competências técnicas são fundamentais para desempenhar nossas funções e executar nossas tarefas com eficiência. De uma maneira geral, além das competências técnicas, o comprometimento, a integridade, a performance e as atitudes são os alicerces que sustentam o emprego de um indivíduo, independentemente da função e posição ocupada.

Para algumas funções, exige-se um nível de conhecimento técnico mais avançado, como conhecimento de conceitos, métodos e instrumentos, que permita avaliar, analisar resultados, prever situações, propor alterações nos procedimentos e até tomar decisões em situações imprevistas. As competências técnicas são essenciais para um alto desempenho, qualquer que seja sua área de especialidade ou atividade. Quanto mais tecnicamente preparado você estiver para o exercício de suas atividades, maior sua chance de ter sucesso.

As empresas procuram – de um modo geral – contribuir com a formação técnica de seus colaboradores, principalmente para aquelas funções mais críticas do ponto de vista do negócio e da operação, de segurança industrial e inovação tecnológica. Mas isso não é suficiente! Você precisa fazer a sua parte realizando cursos técnicos, de especialização ou de extensão em sua área. Se você é um vendedor, faça cursos de técnicas de vendas. Se você está envolvido em negociação com clientes ou fornecedores, estude sobre técnicas de negociação. Se for cirurgião, participe de palestras e treinamentos sobre novas técnicas e novos equipamentos cirúrgicos. Se você é contador, faça cursos de capacitação sobre as mudanças na legislação fiscal, normas de contabilidade internacional e societária. No caso de ser um especialista em tecnologia da informação ou engenheiro, faça cursos de especialização na sua área de conhecimento e sobre novas tecnologias. E por aí vai. O importante é aprender de forma contínua.

A regra é: torne-se o melhor profissional de sua especialidade em sua empresa, reconhecido por suas competências, pela excelência de sua atividade e pelo que você pode agregar para a empresa, para o cliente e para a sua carreira. Ou seja, para você mesmo!

Para isso, é preciso dedicação, perseverança, entusiasmo, motivação, comprometimento e acreditar em si mesmo.

Comprometa-se com o seu crescimento.
Quanto mais você aprender, maior sua chance de se tornar um profissional bem-sucedido.

Competências pessoais e comportamentais

As competências pessoais e comportamentais são aquelas inerentes às características da personalidade de um indivíduo, como as habilidades de comunicação e de relacionamentos e a inteligência emocional. Elas dizem respeito a "quem você é". O lado positivo é que as competências pessoais e comportamentais também podem ser desenvolvidas e aprimoradas através de programas de treinamento com foco em desenvolvimento de competências e em um processo de *coaching*.

As competências pessoais e comportamentais têm um peso relevante na decisão da empresa no momento de escolher quem será promovido. Compreender esse mecanismo é muito importante para a sua carreira. Enquanto suas habilidades e competências técnicas são fundamentais para o desempenho de suas funções, as competências pessoais e comportamentais, como iniciativa, flexibilidade, liderança, comprometimento, capacidade de trabalhar em equipe, imagem pessoal e atitudes, são fatores levados em conta em uma promoção.

Se você está feliz e satisfeito com sua situação atual e não tem ambição de crescer profissionalmente, não há nada errado com isso. A escolha é sua! No entanto, se aspira ao crescimento pessoal e profissional, tem a ambição de ocupar novas funções, espera galgar posições mais importantes dentro ou fora da empresa em que trabalha, almeja um crescimento real de salário, então você precisa decifrar o código da chave para o sucesso. O que o trouxe até aqui não garante o sucesso no próximo passo de sua carreira. É preciso se preparar, ampliar seu conhecimento, desenvolver novas habilidades e competências técnicas e comportamentais e estar preparado quando a oportunidade chegar.

Considero algumas competências pessoais e comportamentais de suma importância para a realização pessoal e profissional, qualquer que seja seu objetivo, meta ou posição hierárquica. As fundamentais são:

Autoconhecimento (conhecer a si mesmo)
Comprometimento
Habilidade de relacionamento interpessoal
Capacidade de trabalhar em equipe
Motivação
Comunicação
Criatividade
Curiosidade
Coragem
Empatia
Persistência
Autoconfiança
Autoestima
Assertividade
Iniciativa
Integridade
Resiliência
Flexibilidade
Foco em resultados

Algumas dessas competências são essenciais para a metodologia ATTITUDE, como o autoconhecimento e a autoconfiança.

A importância do autoconhecimento

A primeira e melhor vitória é conquistar a si mesmo.

Platão

O autoconhecimento é uma competência fundamental para o sucesso pessoal e profissional e uma premissa básica do segredo da chave para o sucesso. "Conhece-te a ti mesmo" – frase citada na teoria do conhecimento do filósofo grego Sócrates. Sua vida é consequência do que você é, e o caminho para o crescimento passa pelo autoconhecimento!

O autoconhecimento permite ao indivíduo enxergar o mundo através de seus próprios pontos de vista, crenças e opiniões, e ver que eles são somente seus e não verdades absolutas. Essa consciência permite a compreensão das diferenças entre as pessoas. Quem você é determina sua maneira de ver tudo à sua volta. A sua experiência e seu conhecimento dão o tom das coisas que você vê.

A trilogia *Ser, Saber e Fazer* é um conceito simples sobre gestão de pessoas e conscientização dos indivíduos para melhoria do ambiente organizacional e do mundo em que vivemos. Por esse conceito, as pessoas trabalham em harmonia, com espontaneidade e sem medo, porém mantendo o foco na alta performance, na meritocracia, no retorno dos esforços pessoais e dos recursos financeiros, respeitando as normas legais e éticas. *Ser, Saber e Fazer* é um paralelo que visa despertar a importância do autoconhecimento, o despertar da consciência e da importância de saber viver a vida e não deixar que a vida simplesmente nos leve. Para ter sucesso, primeiro você tem que *Ser*. Segundo, *Saber* e, por último, *Fazer*.

Alfredo Assumpção, fundador da Fesa Global Recruiters e autor de vários livros sobre gestão, entre eles *Gestão sem medo – muito se pode criar, tudo se pode mudar* (Saraiva, 2006), define que *"o Ser refere-se à capacidade, consciência e vontade livre de cada profissional para buscar o próprio desenvolvimento e, dessa forma, tornar-se apto para assimilar e cuidar da cultura organizacional, das crenças, dos valores, dos princípios empresariais e da cultura de sua organização. Livre de apegos no local de trabalho e de crenças que criam barreiras psicológicas para que o ser possa trafegar livremente e com espontaneidade em todos os momentos dentro da organização"*.

Assumpção ensina ainda que o apego deve ser direcionado ao bom desempenho com ética. O que se espera é construir um indivíduo feliz, em todos os aspectos da vida, ativo, com sabedoria e bondade para servir, orientado para as mudanças, competência e realização. Como mérito, deve ser premiado com a felicidade, que deve ser a tônica do mundo que queremos construir.

O *Saber* refere-se ao total de conhecimento que o profissional precisa ter sobre determinado assunto, como gestão e os negócios da empresa. *Saber* significa ter conhecimento do mercado, da organização, dos produtos e serviços da empresa e da concorrência. É possuir habilidades técnicas e gerenciais comprovadas, necessárias para o desempenho exemplar de sua função, das mais simples às mais complexas. É ter paixão pelo que faz e por tudo que se relaciona ao trabalho, aos clientes, fornecedores e até pelos idiomas necessários ao desempenho da função.

Para aprender o *Saber* é preciso *Ser*. Quando se é, o caminho do *Saber* surge com pavimentação mais firme.

Caminha-se sem tropeços, como que deslizando, sem enfrentar escorregões. A evolução do homem o leva naturalmente do *Ser* ao *Saber*, numa busca contínua pelo conhecimento. E quanto mais o indivíduo evolui, mais tem consciência do seu papel na família, na sociedade e no mundo organizacional. "Saber, então, significa a soma de conhecimento que pode acumular na sua evolução como ser humano complexo", diz Assumpção.

O *Fazer* refere-se à execução, ao desempenho. É colocar em prática suas ações e a forma como você atua no mundo; corresponde às suas realizações, é o resultado do esforço e energia despendidos em sintonia com os pilares *Ser* e *Saber*, para desempenhar com alegria e sucesso sua missão e alcançar seu objetivo de vida. Atuar de forma ágil e com excelência, comprometer-se com a performance e entregar resultados que excedam as expectativas, sem medo e sem arrogância, com autoconfiança, transmitindo segurança e demonstrando paixão.

Fazer significa também encorajar as iniciativas individuais como instrumento de crescimento das pessoas honestas e íntegras, ter tolerância com os erros honestos, compromisso com a qualidade e com a inovação. É assumir grandes desafios como parte de sua responsabilidade consciente de que isso é parte do processo de crescimento próprio e das demais pessoas. É atuar com amor, paixão, integridade e ética em tudo que faz.

Encontrar um dos segredos da chave para o sucesso é praticar o *Ser*, o *Saber* e o *Fazer*, utilizando ao máximo seu potencial, suas competências, trabalhar duro, mas comprometido com a inovação, a meritocracia e a excelência, com resultados que compensem os esforços próprios e da organização. É contribuir para o desenvolvimento das pessoas, aceitar a adversidade com sabedoria e contribuir para a construção de uma sociedade mais justa e de um mundo melhor para se viver.

O poder da autoconfiança

Não há razão para termos medo das sombras. Apenas indica que em algum lugar próximo brilha a luz.
Ruth Renkel

A característica mais importante que devemos desenvolver para conquistar nossos sonhos e nossas metas é acreditar em nós mesmos.

Todos nós queremos alcançar o sucesso, mas a falta de autoconfiança é um denominador comum para as lembranças e sonhos não realizados. Quando passamos a acreditar em nós mesmos, em nossa capacidade de superar os obstáculos de cada dia, descobrimos que nada é impossível, que, quando seguimos com o olhar à frente, é possível obter resultados extraordinários.

Quando temos autoconfiança, os desafios nunca são grandes demais! Não nos sentimos vulneráveis aos outros e nossa autoestima aumenta. Ficamos mais tranquilos para tomar decisões e assumir riscos, melhoram nosso relacionamento interpessoal e a comunicação e aumenta a sinergia com as outras pessoas e também a produtividade. A autoconfiança é catalisadora de vários comportamentos, como a coragem e o comprometimento.

Quando o indivíduo está com um nível de autoconfiança

muito baixo, é como se levasse um balde de água fria. Emperra o processo criativo, de inovação, de mudança, vive em estado de alerta e com atitudes defensivas. A pessoa fecha-se em seu mundo, com medo, sem se expor, e cria uma muralha invisível que a separa do mundo exterior.

Desenvolver a autoconfiança é um importante passo para conquistar seus sonhos. Sem confiança não há sonhos, e sem sonhos não há sucesso. Você precisa parar de pensar "eu não consigo" e confiar em si mesmo. Cada vez mais precisamos acreditar em nossa capacidade. Faça o seu potencial crescer, pois ele é ilimitado. Não deixe que sua autoestima seja manipulada e ferida pelos outros por meio de palavras ou atos. Você pode ter objetivos, metas, propósitos, mas se sua autoestima for ferida pelos outros, você se torna frágil, debilitado mentalmente e começará a perder forças.

A autoconfiança é um sentimento, e, antes de tudo, uma atitude! Você pode não controlar todas as circunstâncias da vida, mas pode decidir como reagir a elas. É uma questão de escolha. É um fator decisivo na performance que estimula a pessoa a sonhar, a ousar, a assumir objetivos mais elevados, a inovar, desenvolver, progredir, enfrentar desafios, expandir-se. A autoconfiança é uma competência fundamental para desenvolver nossa capacidade de ampliar nossos próprios limites. Uma pessoa insegura é incapaz de se aventurar, vive com medo de se arriscar e de se expor.

John Maxwell, em seu livro *A arte de influenciar pessoas* (Mundo Cristão, 2011), destaca que "a autoconfiança gera estabilidade em todas as áreas da vida". E reforça afirmando que "ela produz confiança nos outros". A autoconfiança o ajudará a tomar decisões, a entrar em ação, a recuperar a paixão por seus objetivos e metas, a aceitar desafios e não se deter até alcançá-los.

Um líder ou gestor com capacidade para unir autoconfiança com carisma, habilidades de comunicação e liderança pode produzir mudanças positivas nas pessoas. As competências relacionadas à "autoconfiança" são autoestima, coragem, resiliência e capacidade de assumir riscos.

A palavra-chave deste primeiro capítulo é **competência**. Competência tem três elementos-chave: o conhecimento (saber), as habilidades (saber fazer) e as atitudes (querer fazer).

PLANO DE AÇÃO

Reserve alguns minutos e pense em dez ações que você deseja colocar em prática dentro do período de um ano para ampliar seus conhecimentos, melhorar suas habilidades e atitudes e desenvolver suas competências. Podem ser iniciativas como fazer um curso de capacitação ou especialização, estudar uma nova língua, conhecer a si mesmo com a prática do autoconhecimento ou iniciativas mais simples como a mudança de pequenas atitudes. O mais importante é que sejam úteis para o seu aprimoramento e desenvolvimento pessoal e profissional. Lembre-se de que um pouco mais de conhecimento, habilidades e atitudes pode fazer uma grande diferença em sua vida. Para cada ação, indique a data em que você irá começar e terminar.

Escreva a lápis; desse modo você pode fazer alguma correção ou incluir um novo item. Se preferir, use uma folha em branco pautada para preparar a sua lista.

1. _____
_____
2. _____
_____
3. _____
_____
4. _____
_____
5. _____

6. _____
_____
7. _____
_____
8. _____
_____
9. _____
_____
10. _____
_____

Lembre-se de que a vida é cheia de obstáculos, nada é fácil, mas o homem tem a liberdade de fazer suas escolhas e escolher seu próprio caminho.

C.A.P.Í.T.U.L.O. 2

Training (Treinamento)

A PREPARAÇÃO É O CAMINHO MAIS CURTO PARA O SUCESSO

A maior de todas as crianças prodígio foi Wolfgang Amadeus Mozart. Aos 3 anos, ele começou a tocar piano, aos 5 já compunha, aos 6 já se apresentava para reis e rainhas e, aos 12 anos, terminou sua primeira ópera. Há séculos Mozart vem sendo citado como exemplo de talento nato, aquele que vem de nascença. Porém, sua vocação sofreu muita influência do pai, que era professor de música e desde cedo se dedicou a educar o filho.

Quando criança, Mozart passava boa parte dos seus dias ao piano. As primeiras peças não eram exatamente obras-primas, pois continham muitas repetições e melodias que já existiam. Para alguns críticos, a primeira obra realmente genial que o austríaco escreveu foi um concerto de 1777 – conhecido como "Jenamy", escrito em Salzburg, na Áustria –, quando ele já estava com 21 anos. Ou seja, apesar de ter começado cedo e ter demonstrado talento precocemente, somente após 18 anos de estudo e prática é que Mozart conseguiu compor um concerto digno de um gênio.

Um artista não é nada sem o dom,
mas o dom não é nada sem trabalho.
Émile Zola

Bill Gates não construiu sua fortuna do nada. Desistiu de Harvard ainda adolescente e passou praticamente a morar em uma sala de programação de computadores na Universidade da Califórnia. Dedicou parte de sua adolescência ao desenvolvimento de um PC (computador pessoal), e foi persistente até realizar seu sonho.

Os técnicos de Michael Jordan lembram que o jogador era disciplinado, encarava os treinamentos como se fosse um jogo, valorizava o trabalho em equipe e mantinha o foco no objetivo de se tornar um grande campeão. Jordan tornou-se o maior jogador de basquete de todos os tempos.

Oscar Schmidt tornou-se o maior jogador de basquete brasileiro e detentor do recorde mundial de pontuação, com 49.737 pontos, e disputou cinco Olimpíadas. Oscar era o primeiro a chegar aos treinos e depois sempre permanecia nas quadras e treinava mil arremessos. Só parava quando conseguia uma série consecutiva de vinte cestas de três pontos.

A persistência é o menor caminho para o êxito.

Charles Chaplin

Ronaldo, o "Fenômeno", o maior goleador das Copas do Mundo, com 15 gols, tinha de ser arrancado dos campos de futebol quando criança porque não queria fazer mais nada que não fosse jogar bola. Sua habilidade o levou a ser reconhecido como melhor jogador do mundo três vezes pela Fifa e campeão mundial duas vezes pela seleção brasileira, nas Copas de 1994 e 2002.

Quais foram os fatores que levaram essas pessoas ao sucesso? A resposta é do próprio Oscar: disciplina para treinar muito, determinação, persistência, desafio e superação. Carlos Hilsdorf, autor do livro *Atitudes vencedoras*

(Editora Senac, 2003), afirma: "Disciplina é a mais poderosa ferramenta prática de que dispõe o homem para atingir seus objetivos!". Um atleta olímpico precisa – além do talento – de muito treinamento, disciplina, determinação e perseverança para alcançar o sucesso.

Os exemplos citados comprovam que os períodos de preparação e treinamento não são tempos perdidos, mas sim um investimento em nosso aprimoramento.

Uma boa preparação é a essência do sucesso e exige muita vontade e disciplina.

Vencer, portanto, é consequência de uma boa preparação!

Pesquisadores ingleses e alemães estudaram 257 pessoas talentosas de várias áreas para entender o que as diferenciava dos indivíduos normais ou medianos. Não conseguiram descobrir nenhuma habilidade sobrenatural. A única diferença encontrada foi que pianistas fracassados tinham dedicado menos tempo estudando em relação aos bem-sucedidos. Isso quer dizer que não faltou talento para chegar ao sucesso. Faltou dedicação; faltou treinamento.

> *Se você quer ser bem-sucedido, precisa ter dedicação total, buscar seu último limite e dar o melhor de si.*
> Ayrton Senna

"The Making of an Expert" (*Criando um especialista*, com tradução simples), artigo do professor Anders Ericson, especialista em sucesso e performance, publicado na *Harvard Business Review* (publicação da Universidade de Harvard), defende que a performance excepcional de um indivíduo é produto de anos de prática deliberada e *coaching*, e não de talento nato.

Prática deliberada significa expor a pessoa ao desenvolvimento de suas habilidades e competências pessoais por meio da prática, da execução. Em outras palavras, a prática deliberada é fundamental para o indivíduo adquirir experiência em sua atividade e ganhar musculatura para se desenvolver dentro de sua área de atuação, com dois objetivos específicos: aperfeiçoar as habilidades já existentes e expandir o raio de alcance dessas habilidades.

A prática é a mais rica forma de desenvolvimento pessoal. É a maior fonte de conhecimento a que o profissional pode ter acesso.

Para ser bem-sucedido e alcançar resultados excepcionais, não basta ter talento. É necessário prática. Colocar em prática a teoria, o conhecimento e desenvolver suas habilidades e competências. E, para desenvolvê-las, é preciso muita dedicação, persistência e motivação para treinar. Somente a preparação, trabalho e perseverança poderão transformar e melhorar as condições que determinam o nosso estilo de vida.

A função do treinamento é tornar uma pessoa capacitada para exercer suas atividades, aperfeiçoar ou desenvolver novas habilidades para executar suas funções atuais e prepará-la para novas oportunidades e desafios. Segundo o *Dicionário Aurélio*, treinamento significa "tornar-se apto e capaz para determinada tarefa ou atividade". A aplicação dos conhecimentos teóricos à prática é uma questão primordial para a vida e o sucesso de um indivíduo.

Para alcançar o sucesso profissional, é preciso ter conhecimento, desenvolver as habilidades e dedicar muitas horas à prática para se tornar um profissional diferenciado, de alto desempenho, qualquer que seja sua profissão. Isso exige horas e horas de prática, treinamento, muita dedicação e motivação.

> *Sorte é o que acontece quando a preparação encontra a oportunidade.*
> Sêneca

Qualquer pessoa pode ser treinada e ensinada para ser um profissional diferenciado em qualquer ramo de atividade ou profissão. Mas, para ter sucesso, é preciso se preparar; é preciso se superar! Existem dois tipos de hábitos: os "de fazer" e os "de não fazer". A única maneira de seguir o caminho rumo ao sucesso é fazer. Que hábitos você vai escolher? Para alcançar seus objetivos, você precisa estar 100% comprometido. Com eles em mente, coloque em prática seus conhecimentos, habilidades e motivação até se tornar uma pessoa diferenciada.

Não há ocasião especial ou determinada para que isso aconteça. Então comece a agir imediatamente! Mas faça tudo com energia, atitude positiva, otimismo e entusiasmo. Dedique seu tempo e energia para conquistar o que deseja.

Tudo aquilo a que você se dedicar e der foco vai se expandir.

No Capítulo 7 – Direction (Direção), abordaremos a importância de definir objetivos e traçar metas pessoais e profissionais e manter o foco. O sucesso reside em nossa busca constante de melhoria todos os dias, respeitando as diversidades e tendo consciência de que as pessoas podem caminhar juntas criando modelos mais valiosos e eficazes do que o indivíduo sozinho poderia atingir.

A importância da aprendizagem

A pior ambição de um homem é desejar colher pela vida inteira os frutos daquilo que ele nunca plantou.

Augusto Branco

Vivemos na sociedade do conhecimento, com grandes inovações tecnológicas que estão acontecendo à velocidade da luz. Nessa sociedade é fundamental que nos capacitemos constantemente. Uma pessoa bem-sucedida vive em constante aprendizagem, tirando proveito de cada recurso, de cada ferramenta e de cada estratégia para alcançar seu objetivo.

Aprender diz respeito à aquisição de novos conhecimentos, novos hábitos, atitudes e comportamentos obtidos através da educação, de treinamento, cursos de capacitação e da prática. Por meio da aprendizagem o indivíduo se modifica, operando, assim, mudanças em suas atitudes, comportamentos e hábitos, proporcionando a assimilação de novos processos de trabalho e desenvolvendo novas habilidades e novas formas de conduta.

Os princípios fundamentais da aprendizagem aplicados ao treinamento são a frequência, a intensidade, a continuidade e a motivação. Para adquirir ou incorporar novos hábitos, novos comportamentos e desenvolver novas habilidades, a repetição é essencial. Aristóteles, o filósofo das atitudes, já dizia: "Somos o que repetidamente fazemos".

A motivação é um fator essencial. É um dos princípios

intrínsecos do processo de treinamento e de aprendizagem. A pessoa tem que estar convencida da importância do treinamento e se motivar para absorver todos os ensinamentos, os novos conceitos, processos e ferramentas. Se for um treinamento teórico, é importante aplicá-lo à prática e incorporá-lo ao seu dia a dia.

Para aprender, é preciso saber desaprender, abandonar conceitos e ideias velhas e ultrapassadas. A tecnologia avança a passos largos. A única coisa constante em nossa vida é a mudança. É preciso desprender-se. Tudo muda. A empresa muda. O mundo muda. A mudança é sempre o objetivo do aprendizado. Não dá para crescer sem mudar. Aprender é mudar. É inovar!

A força da motivação

Nenhuma obra grandiosa foi realizada sem entusiasmo.
Ralph Waldo Emerson

Motivação, palavra oriunda do latim *moveres* (mover para realizar determinada ação) é um impulso interno que leva o indivíduo à ação. A palavra "motivação" pode ser dividida em duas partes: "motiva" e "ação", e é proveniente de forças e valores (sucesso, poder, realização, família, dinheiro, carreira, superação etc.) que nos impulsionam e nos direcionam. Movemo-nos na direção do que desejamos ou necessitamos. Quando você está procurando alcançar um objetivo, move-se em direção a ele. E o que o motiva? Qualquer que seja o fator que o motiva, é a força que irá empurrá-lo para a frente. A motivação é um elemento essencial para o desempenho e desenvolvimento do ser humano. Sem motivação é muito mais difícil executar nossas tarefas e atingir nossas metas, estudar ou praticar exercícios físicos.

Ter essa competência comportamental aflorada favorece o indivíduo, pois lhe dá a possibilidade de lidar melhor com novos desafios, superar obstáculos e transformar dificuldades em aprendizados e resultados, o que torna a motivação uma competência essencial para alcançar objetivos pessoais e profissionais. A motivação só existe quando há um extremo desejo ou necessidade. Descubra o que o motiva e use isso como combustível para suas ações.

A capacidade de se automotivar é uma das habilidades mais admiradas do ser humano. Pessoas que possuem essa habilidade podem se tornar grandes realizadoras. Irradiam uma energia inesgotável, têm a capacidade de sempre extrair algo positivo dos problemas e tirar lições preciosas dos piores acontecimentos.

Pessoas automotivadas não ficam aguardando condições favoráveis para agir, elas criam essas condições.

Não existe uma fórmula pré-formatada para a motivação, e ela não se encontra nos fatores externos. Você tem que encontrá-la dentro de si mesmo. A automotivação é um exercício constante de reflexão sobre nós mesmos, e é crucial para alcançar nossos objetivos e realizar nossos sonhos.

Todos nós temos desejos, objetivos, metas e sonhos, mas, para realizá-los, não basta ter um emprego, um salário suficiente para pagar as contas e um plano de saúde. É preciso algo mais – e esse algo mais é a fonte da nossa motivação pessoal, de nossa inspiração. Assim, é preciso descobrir a raiz de sua motivação, o que o motiva à ação. É ela que irá fazê-lo sair da cama todos os dias – mesmo ainda cansado e querendo dormir um pouco mais –, irá torná-lo mais determinado e fará você persistir na busca de seus sonhos, de sua missão, de sua realização pessoal e profissional.

Quanto maior a dificuldade,
maior o mérito em superá-la.
H. W. Beecher

As pessoas se motivam e trabalham de forma mais feliz, mais inteligente e dedicam mais energia às suas atividades quando acreditam naquilo que fazem. Psicólogos e estudiosos do comportamento reconhecem que a maioria dos indivíduos está à procura de estímulos para dar maior significado à sua vida. Essa missão, uma vez formulada e com 100% de comprometimento, traz esse significado e inspira a pessoa para caminhar em busca da realização, da melhoria de desempenho, da eficiência, e ajuda na busca de seus objetivos. Algumas pessoas dedicam seus esforços à educação dos filhos, a ter um emprego e um salário digno; outras se dedicam a causas nobres, como o trabalho voluntário, a defesa do meio ambiente, pela liberdade e direito das minorias. Outras se dedicam à busca pelo poder, para obter riqueza. Há aquelas que possuem um enfoque mais intelectual e dedicam seu tempo para as artes ou à educação. Outro grupo coloca como objetivo salvar vidas humanas, como os médicos, enfermeiros, bombeiros e demais. Por isso é importante identificar seus valores, sua missão e seu propósito de vida, pois pode ser que aí esteja guardada sua fonte de motivação.

A motivação é uma condição básica
e necessária para alcançar o sucesso,
seja você um atleta, vendedor, operário,
engenheiro ou profissional liberal.

A motivação vem de dentro para fora. É uma fonte de energia, é o combustível que nos torna mais fortes do que qualquer obstáculo que encontrarmos pelo caminho e nos empurra para a frente, na busca de nossas metas, nossos sonhos, nosso propósito de vida.

Quanto maior seu conhecimento, habilidades, atitudes positivas, autoconfiança e motivação, maiores serão suas chances de entrar na tela do radar das empresas e obter reconhecimento no trabalho e alcançar a realização pessoal e profissional. A motivação é um dos dois principais elementos do desempenho humano. O outro elemento é a habilidade. Portanto, *motivação* mais *habilidade* é igual a *desempenho*.

Acesse suas forças motivadoras e busque sempre algo positivo, mesmo quando as circunstâncias não forem as mais favoráveis. Essa capacidade de transformar adversidades em automotivação é o que faz as pessoas alcançarem resultados extraordinários e encontrarem a chave para o sucesso.

Tenha uma mente curiosa

Sem a curiosidade que me move, que me inquieta, que me insere na busca, não aprendo nem ensino.
Paulo Freire

O sucesso profissional reside em nossa busca constante por novos conhecimentos, melhora nosso desempenho e atinge resultados. A curiosidade é uma característica das pessoas bem-sucedidas e é uma competência fundamental para aprender novos conceitos, novos processos de trabalho e para o desenvolvimento pessoal e profissional. A curiosidade é aquele profundo impulso interno de caráter investigativo, questionador, curioso. As crianças têm isso em abundância, motivo pelo qual estão sempre perguntando por que isso aconteceu, quando foi e quem fez. É uma habilidade inata. Mas, infelizmente, quando nos tornamos adultos, perdemos parte dessa habilidade. Uma criança faz em média dez vezes mais perguntas por dia do que um adulto. A curiosidade é uma competência fundamental para o processo de aprendizagem.

Durante cinco anos fui mentor dos *trainees* da Divisão de Finanças e Controle da Nestlé Brasil, atividade muito prazerosa e gratificante. Foi também um ótimo aprendizado e um grande desafio, pois começava ali a carreira e o sonho de vários jovens recém-formados, com excelente bagagem acadêmica, fluência em dois ou três idiomas e aprovados para um programa de *trainees* de uma grande empresa, um desejo de milhares de jovens em início de carreira. Como mentor, minha responsabilidade era elaborar o programa de treinamento, com duração de 18 meses, nas áreas de negócios e divisões corporativas, como vendas, marketing, *supply chain*, além de fábricas e na própria Divisão de Finanças. Invariavelmente, as primeiras semanas eram dedicadas à discussão da missão, visão, valores e cultura da empresa, como também das principais competências requeridas pela organização. Eu também solicitava a leitura do documento interno denominado "Uma Visão para o Futuro", com os pilares estratégicos e a orientação estratégica global da Nestlé, como uma empresa de nutrição, saúde e bem-estar. A cada dois ou três dias discutíamos esses assuntos, até que todos chegassem ao completo entendimento desses conceitos e seu conteúdo. Considerava essa parte do programa muito importante, o caminho estava sendo pavimentado para as próximas etapas.

Além das competências requeridas, como iniciativa, criatividade, relacionamento interpessoal, habilidade de trabalhar em equipe, entre outras, eu ressaltava a importância de outras competências para o sucesso do programa de treinamento e em suas próprias carreiras. A primeira dessas competências era a curiosidade. Uma mente curiosa é uma ferramenta inestimável para aprender e adquirir novos conhecimentos, contribuindo para o desenvolvimento e a capacitação.

A evolução do mundo passa pela curiosidade e pela criatividade. As grandes invenções e descobertas aconteceram devido a esses dois fatores fundamentais, aliados à persistência. A essência da curiosidade e da criatividade está na habilidade de fazer permanentemente perguntas sobre o mundo e de procurar novas combinações das coisas que já existem.

Fui promovido. E agora, o que eu faço?

Eu aprendi que todos querem viver no topo da montanha, mas toda a felicidade e crescimento ocorrem quando você está escalando-a.
William Shakespeare

Imaginemos que você foi convidado para participar de uma corrida de 10 quilômetros e, apesar de não ser atleta, topou a parada. Convenhamos que, pelo fato de você não ser atleta, é um grande desafio, mesmo gozando de boa saúde.

A corrida será realizada daqui a seis meses, prazo que você tem para se preparar física e emocionalmente para cumprir a prova. Provavelmente sua preparação física começará com caminhadas de dois a três quilômetros por dia, três ou quatro vezes por semana, aumentando gradativamente para quatro, cinco, seis, sete quilômetros. Após algumas semanas, você começa a correr 100 metros, seguidos de 200 a 300 metros de caminhada, alternadamente. Logo, você estará correndo alguns quilômetros, e vai caminhar apenas 100 metros para recuperar o fôlego.

Após dois ou três meses você poderá correr de cinco a sete quilômetros, e entre quatro e cinco meses provavelmente estará simulando o percurso de dez quilômetros. Agora, basta se preparar melhor fisicamente, treinando em um terreno que tenha os mesmos níveis de dificuldades, no mesmo horário da competição etc.

Finalmente, chegou o dia. Com sua boa preparação e com a orientação de seu técnico e de outros atletas, a corrida transcorre dentro do esperado. Parabéns, você desenvolveu aptidões físicas e habilidades para cumprir a prova e conseguiu!

Agora, você acabou de ser convidado para correr a meia maratona (21 quilômetros e cem metros), que será realizada em um mês. Pergunto: você está preparado para esse novo desafio? A resposta é não! Você precisa desenvolver novas habilidades e ter uma nova preparação.

Para compreender o mecanismo da chave para o sucesso, é preciso saber que o conhecimento, as habilidades e as competências que o trouxeram até aqui não são necessariamente os mesmos que irão levá-lo a seu próximo desafio. É preciso desenvolver novas habilidades e competências e eliminar ou reduzir determinadas limitações pessoais. Na carreira é a mesma coisa: o que o trouxe até aqui não garante sucesso em sua próxima função ou posição.

Sempre que passamos a ocupar
uma nova posição ou a desempenhar
uma nova função são requeridos novos
comportamentos, habilidades e atitudes.

Da mesma forma que você precisa de novas estratégias e novas competências para correr a meia maratona, você precisa desenvolver outras habilidades e competências para se dar bem em sua nova posição. Se for para uma posição de gestor, provavelmente será necessário desenvolver as competências de liderança, comunicação, planejamento, dar e receber *feedback* e oferecer compromisso com resultados.

A importância do feedback no processo de desenvolvimento

Feedback é uma palavra inglesa originária de ciências como Física, Química e Engenharia. Significa realimentação ou retroalimentação, ou simplesmente retorno, sobre um pedido ou um acontecimento. Seu conceito passou a ser amplamente utilizado no campo da administração e das relações interpessoais.

É um processo pelo qual o resultado de uma ação ou atividade retorna com informações para aprimorar ou modificar a ação seguinte. Dar *feedback* é uma oportunidade de transmitir a percepção sobre o comportamento e o trabalho realizado por alguém.

Feedback é uma ferramenta poderosa para avaliar o desempenho de uma pessoa, e revela os pontos positivos e negativos do trabalho executado por meio de informações críticas, além de visar a melhoria do desempenho e mudança de atitude. *Feedback* não é uma mera opinião, mas sim uma avaliação objetiva sobre um dado comportamento ou a avaliação do cumprimento de metas e objetivos, tendo como base fatos concretos.

O objetivo principal do *feedback* é ajudar as pessoas a melhorar seu desempenho por meio de informações, dados, críticas e orientações que permitam rever suas ações em um maior nível de eficiência e excelência.

O *feedback* deve ser dado de
forma educativa e construtiva, para
que as pessoas se sintam motivadas
a melhorar seu desempenho.

Por isso é uma ferramenta poderosa para seu crescimento pessoal e profissional. Se nos fecharmos para essa oportunidade de crescimento, continuaremos presos a nosso passado.

Portanto, o *feedback* deve ser encarado pelo receptor como uma ferramenta positiva e valiosa para a melhoria de seu desempenho, mudança de comportamento e desenvolvimento pessoal e profissional. Warren Buffett, grande investidor e um dos homens mais ricos do planeta, disse: "Sempre ouça alguém que discorda de você". A busca constante e deliberada por alguém que lhe diga por que pode estar errado é considerado por Warren Buffett como um dos fatores que mais contribuíram para seu sucesso.

A inclinação natural do ser humano
é a de se agarrar às suas crenças
e não ouvir ou não aceitar o que
as pessoas têm a dizer.

Aceite o *feedback* como uma oportunidade de crescimento pessoal e profissional.

O profissional em busca de aprimoramento contínuo recebe o *feedback* sem receio ou vaidade e alimenta-se das informações e dados recebidos para seu desenvolvimento pessoal. Assim, torna o *feedback* uma ferramenta de alto impacto em sua carreira e algo muito útil para alcançar resultados positivos. Saber fornecer e receber *feedback* é uma arte que faz a diferença!

A palavra-chave deste capítulo é **persistência**. Persistência, disciplina e automotivação são fatores-chave de sucesso.

PLANO DE AÇÃO

Reserve alguns minutos e pense em dez ações que você deve colocar em prática no período de no máximo seis meses para desenvolver ou melhorar seu desempenho profissional, com uma melhor preparação e treinamento e a incorporação de atitudes positivas, como a proatividade e a cooperação, qualquer que seja sua profissão ou atividade. Lembre-se de que uma pequena melhoria pode fazer uma grande diferença no seu desempenho ao longo do tempo.

Você pode aprimorar alguma atividade ou aprender uma nova técnica ou ferramenta para ser aplicada no seu trabalho, pedir *feedback* para seu chefe e para seus colegas sobre seu desempenho e comportamento e colocar em prática suas sugestões. Ou ainda fazer um treinamento interno sobre os sistemas utilizados no seu trabalho. Exercite sua curiosidade!

Escreva a lápis; desse modo você pode fazer uma correção no texto, se necessário, ou use uma folha em branco pautada.

1. _____
2. _____
3. _____
4. _____
5. _____

6. _____
_____
7. _____
_____
8. _____
_____
9. _____
_____
10. _____
_____

Há várias oportunidades que podem ser exploradas. Você pode se surpreender com suas próprias observações e iniciativas.

C.A.P.Í.T.U.L.O. 3

Time (Tempo)

COMO SER MAIS PRODUTIVO E MELHORAR SUA QUALIDADE DE VIDA

Albert Einstein costumava dizer que o tempo corre a uma velocidade de 60 minutos por hora. Nessa corrida, primeiro você precisa colocar seu carro na pista certa e, depois, seguir na mesma velocidade em direção a seus objetivos e sonhos. Caso contrário, você vai chegar atrasado, vai olhar para trás e ficar reclamando que o tempo voa e que por isso não realizou a maioria das coisas que eram realmente importantes para você.

O tempo é o único recurso que está disponível igualmente para todas as pessoas, 24 horas por dia, sete dias por semana, 30 dias por mês, 365 dias por ano, independentemente de sexo, religião, cor, riqueza ou pobreza. Cabe a nós usá-lo de forma racional e inteligente.

Falta de tempo é desculpa daqueles que perdem tempo por falta de métodos.
Albert Einstein

Para a maioria das pessoas, administrar o tempo é um grande desafio. Devem conciliar trabalho, filhos, casa, lazer, reuniões, e-mails, internet, relatórios, telefonemas, correspondências, novos projetos, visitantes e aquela apresentação que somente é concluída quando faltam apenas alguns minutos para a reunião – considerando que é muito provável que sejam solicitadas de última hora a alteração de algum *slide* ou a elaboração de uma nova versão.

Além das tarefas de baixo ou nenhum valor para a organização e suas metas, perdemos tempo pela falta de planejamento, pelo perfeccionismo, pelos detalhes ou excesso de zelo, por medo, por falta de confiança ou, ainda, por baixa autoestima. Obviamente, algumas atividades possuem pequenos detalhes, e, nesses casos, é uma exigência que precisa ser seguida para que o resultado final do trabalho não fique comprometido. Mas o fato é que muitas vezes olhamos as árvores, enquanto deveríamos olhar a floresta. E o tempo voa!

O problema maior, que está na essência da gestão eficiente do tempo, é que aproveitamos mal o tempo porque adquirimos maus hábitos. Postergamos tarefas que não deveriam ser postergadas. Não definimos prioridades e não corremos atrás de nossos objetivos, de nossos sonhos. Perdemos tempo demasiado com assuntos que não fazem parte de nossas metas. Adquirir maus hábitos é perder o controle do nosso tempo!

O paradoxo dos tempos atuais é que todos nós reclamamos da quantidade de informações que recebemos todos os dias e, no entanto, estamos sempre querendo saber mais. Sofremos com o excesso de informações e a falta de conhecimento sobre o que fazer com elas. Na verdade, muito daquilo que lemos e ouvimos é inútil e não está relacionado com nossos objetivos nem com as nossas prioridades. É preciso manter o foco no que é essencial. E esse é um grande desafio, um objetivo a ser perseguido.

Uma das principais razões pelas quais as pessoas fracassam na vida é porque gastam muito tempo fazendo coisas de baixo ou de nenhum valor para alcançar seus objetivos, suas metas ou realizar seus sonhos. Uma fórmula simples para refletir sobre isso é fazer a seguinte pergunta: o que estou fazendo vai me levar para mais perto dos meus objetivos, das minhas metas ou dos meus sonhos? Se algo ajuda você a caminhar na direção do que estabelece para si mesmo ou para a empresa, é um bom sinal de que está fazendo bom uso de seu tempo. Se não houver essa percepção, tenha certeza de que está no caminho contrário.

Se você criar o hábito de fazer somente coisas que representem o bom uso do tempo, logo descobrirá que isso o está ajudando e o deixará muito feliz por ter tomado a atitude correta, feito suas próprias escolhas.

> *Disciplina é a ponte que liga nossos sonhos às nossas realizações.*
> Pat Tillman

Por isso é importante estabelecer metas claras. Quando isso acontece, o indivíduo começa a descobrir exatamente o que quer e se torna cada vez mais impaciente com atividades que não o ajudam de nenhuma forma. Então, o primeiro passo é definir com precisão o que você deseja, quais são seus objetivos, suas metas, aonde você quer chegar. No Capítulo 7 Direction (Direção), abordaremos a importância da definição de seus objetivos e metas utilizando a técnica SMART.

A pessoa que administra com
eficiência seu próprio tempo sabe
que o principal segredo é estabelecer
prioridades e identificar o que é
mais importante e urgente.

O segundo passo é a eficiência na gestão das informações. No mundo atual vivemos rodeados de informações de todo tipo, o que exige que determinemos o que é útil e pode ser aplicado de imediato, o que precisa ser arquivado e o que pode ser descartado.

Gestão do tempo é a arte de organizar suas tarefas e estabelecer prioridades alinhadas com suas metas, seus objetivos, com aquilo que é importante para você. A falta de tempo é, muitas vezes, desculpa pela falta de capacidade de tomar uma decisão ou de reagir aos acontecimentos com proatividade ou, ainda, devido a uma limitação pessoal. Outro fator é o perfeccionismo. Os perfeccionistas são especialistas em adiar tarefas porque é impossível obter a perfeição em todos os detalhes que exigem de si próprios.

Durante décadas, a administração do tempo foi dividida em dois critérios: urgente e importante. A definição de urgente é aquilo que precisa ser feito rapidamente, é inadiável, requer atenção imediata. Importante é aquilo que agrega valor, que precisa ser feito com uma atenção especial, produz resultados, mas não exige pressa.

Matriz de Gestão do Tempo

Stephen Covey, consultor e escritor norte-americano, desenvolveu uma Matriz de Gestão do Tempo com quatro quadrantes, distribuídos entre "Importante" e "Não Importante" na vertical e "Urgente" e "Não Urgente" na horizontal, conforme ilustrado a seguir.

MATRIZ DE GESTÃO DO TEMPO, DE STEPHEN COVEY

	URGENTE	NÃO URGENTE
IMPORTANTE	QUADRANTE I - Administrar situações de crise - Resolver problemas e participar de reuniões urgentes - Desenvolver projetos de curto prazo - Preparar atividades com prazos definidos	QUADRANTE II - Planejamento e preparação - Elaboração de estratégias - Organização - Prevenção - Aprendizado - Estreitar relacionamentos - Recreação

	URGENTE	NÃO URGENTE
NÃO IMPORTANTE	QUADRANTE III - Interrupções não programadas - Telefonemas particulares - Resolver pequenos problemas - Elaboração de relatórios de pouca relevância	QUADRANTE IV - E-mails particulares - Conversas paralelas - Navegar nas redes sociais - Leitura de correspondências de pouca ou nenhuma importância - Pequenas tarefas com excesso de detalhes

Quadrante I: nesse quadrante estão representadas as atividades e as situações urgentes e importantes que exigem nossa atenção imediata.

Segundo Covey, esse quadrante é o que sufoca as pessoas, pois elas vivem apagando incêndios e administrando situações de crise, participando de reuniões de caráter de urgência e de tarefas inadiáveis, e se tornam escravas dos problemas. Nessa situação, enquanto o foco do trabalho permanecer nesse quadrante, você continuará dominado pela correria e pela ansiedade, sentindo-se impotente diante do desperdício de tempo.

Quadrante II: esse quadrante refere-se às atividades importantes, mas não urgentes.

Trata-se do quadrante com as atividades de grande importância para sua vida, pois é justamente nele que estão as atividades de longo prazo: elaboração de estratégias, planejamento do trabalho e da carreira, novos projetos e oportunidades, estreitamento de relacionamentos, além de seu desenvolvimento pessoal e profissional. Muitas vezes negligenciamos esse quadrante, pois ele não tem característica de urgente, apesar de ser muito importante para nossas vidas e nosso trabalho.

Também nesse quadrante estão o aprendizado, a recreação e a criatividade.

Quadrante III: nesse quadrante estão incluídas as atividades que são urgentes, mas não importantes.

Quando você prioriza as atividades desse quadrante, corre o risco de cometer um erro fatal: perder tempo e não atingir seus objetivos de curto, médio ou longo prazo. Nesse quadrante estão incluídas as atividades como telefonemas, elaboração de relatórios muito detalhados e de pouca relevância e interrupções frequentes por situações de pouca ou nenhuma importância.

Quadrante IV: quando você utiliza seu tempo para as atividades relacionadas a esse quadrante, está, na maioria das vezes, fazendo mau uso do tempo.

Não raro busca-se esse quadrante como uma válvula de escape para uma série de problemas, atividades e compromissos indesejados. Nele se incluem a leitura de correspondências sem importância, pequenas tarefas com exagero de detalhes e as atividades prazerosas, mas de baixo ou nenhum valor.

Segundo Covey, as pessoas que administram sua vida de acordo com o surgimento das crises vivem 90% do tempo no quadrante I e os 10% restantes, no quadrante IV.

Pessoas eficazes se concentram
nos quadrantes I e II, ou seja,
no que é importante, e se afastam
dos quadrantes III e IV.

Elas ainda diminuem o tamanho do quadrante I e dedicam mais tempo ao quadrante II.

Isso significa que dedicam mais tempo ao planejamento, aos relacionamentos, à busca de novas ideias e oportunidades e ao aperfeiçoamento.

Quem sabe administrar o tempo reduz o estresse causado pela correria e pela falta de foco. Da mesma forma, o bom uso do tempo traz satisfação, sentido de realização e aumento da autoestima.

A dica é: não priorize sua agenda, e sim
agende suas prioridades.

O consultor Christian Barbosa, um dos maiores especialistas brasileiros em gerenciamento do tempo e da produtividade, desenvolveu uma metodologia baseada na divisão do tempo em três (Tríade) critérios: Importante, Urgente e Circunstancial, com o objetivo de simplificar e modernizar a proposta da Matriz do Tempo de Stephen Covey. A principal diferença entre esse modelo e a matriz de Covey é que não há intersecção entre a esfera da importância e a da urgência.

Cada indivíduo tem a sua própria Tríade do Tempo em função da idade, momento da carreira, cargo, condição social etc., mas o foco da metodologia é levar as pessoas a dedicarem mais tempo às atividades importantes, reduzindo a participação nas demais (urgentes e circunstanciais).

Segundo Barbosa, o resultado de um teste realizado pela internet aponta que os brasileiros dedicam apenas 30% do seu tempo às atividades importantes de suas vidas. Segundo a pesquisa, os homens dedicam apenas 27,8% de seu tempo às atividades importantes, enquanto as mulheres apresentam uma média melhor, com 31%. Os homens têm um maior volume de atividades circunstanciais, com 35,5% do seu tempo, enquanto as mulheres chegam a apenas 24,6%.

O mapeamento do tempo tem algumas vantagens: as pessoas se dedicam às atividades que são importantes, como o planejamento, controle, aprimoramento e melhoria da qualidade de vida, prática de exercícios físicos e lazer. Elas são importantes, porque estão atreladas a seus objetivos pessoais e profissionais. Cada pessoa tem sua própria lista de coisas importantes. As tarefas importantes têm prazo para serem feitas e tornam-se urgentes caso não sejam executadas no prazo previsto.

Vamos descrever aqui alguns passos que irão ajudá-lo em sua autorreflexão.

Valores: *tempo dedicado àquilo que é importante* para você: família, *hobbies*, relacionamentos, saúde, sua missão e as formas de buscar um melhor equilíbrio em sua vida.

Metas: *para transformar sonhos em realidade, é preciso definir seus objetivos e planejar as suas metas,* se elas forem realmente importantes para você. Mas não adianta definir objetivos e metas e não manter o foco. Concentrar o foco em seus objetivos é um dos segredos para encontrar a chave do sucesso. No Capítulo 7 falaremos sobre como estabelecer objetivos e metas.

Planejamento: *para alcançar suas metas, reduzir o estresse pelo mau uso do tempo e melhorar a qualidade de vida, é necessário planejamento.* Ele deve incluir o desenvolvimento pessoal e profissional, a elaboração de estratégias para delegação de tarefas, recreação, estudos, análise e antecipação de futuros problemas e a identificação de novas oportunidades.

Para alcançar o sucesso, precisamos mais do que conhecimento, bons relacionamentos e habilidades. É fundamental fazer bom uso do tempo, ter foco e agir. Não se distrair em diversas atividades, principalmente no trabalho, é um desafio constante para a maioria das pessoas. Mas há solução! Existem escolhas para aumentar a produtividade a um nível extraordinário. Veja algumas dicas para melhorar seu desempenho nessa área e ajudá-lo a alcançar seus objetivos pessoais e profissionais.

Cinco dicas para aumentar sua produtividade

1. Tenha cuidado com as coisas urgentes. Não confunda urgência com importância. Muitas coisas que fazemos com caráter de urgência têm pouco ou nenhum valor para nossos objetivos. Dois dos grandes vilões são o e-mail e as redes sociais. Reserve um horário, duas ou três vezes ao dia, para leitura e resposta dos e-mails. Veja o que é importante e o que tem valor para você, tanto do lado pessoal quanto do profissional.

> *A coisa mais importante da vida é saber o que é importante.*
> Otto Milo

2. Uma boa utilização do tempo e da produtividade pessoal está ligada a metas. A capacidade de desenvolvê-las por escrito é um fator-chave para o sucesso. Se você definir suas metas e um plano de ação com clareza, certamente utilizará melhor seu tempo, sua energia, sua mente e a sua concentração. Quando der mais foco ao que quer alcançar, as coisas caminharão e acontecerão mais rapidamente.

3. Planejar o tempo é uma habilidade fundamental. É preciso planejamento mensal, semanal e diário. O semanal tem a ver com pensar as prioridades e alocar o tempo antes da semana começar. Não comece sua semana sem saber quais serão suas prioridades e as atividades importantes que devem ser realizadas. Reserve um tempo para seu aperfeiçoamento, para um novo projeto ou solução e para o relacionamento com as pessoas. Essas são questões essenciais para aumentar a produtividade.

4. Utilize a tecnologia a seu favor. A tecnologia pode ajudar ou atrapalhar sua produtividade. O domínio e a disciplina no uso da tecnologia são fatores importantes para melhorar sua performance e otimizar o uso de seu tempo. Mas cuidado: utilizar a tecnologia sem muita consciência e com vícios não é um bom caminho, pois você se dispersa, perde o foco e o que é uma vantagem se torna uma armadilha. Não fique passivo diante da tecnologia. O importante é ter limites!

5. Mantenha sua qualidade de vida. Praticar um esporte ou ter um *hobby*, manter hábitos alimentares saudáveis, descansar e relaxar são importantes para recarregar as energias, aumentar a criatividade e sua capacidade produtiva. É um engano achar que trabalhar muito é ser produtivo. Temos que parar e nos reabastecer no tempo certo, caso contrário podemos perder a corrida na última volta!

Lembre-se de que o tempo é um recurso limitado e igualmente disponível a todas as pessoas. Saber usá-lo com inteligência, priorizando seus objetivos, é uma habilidade. Esse é um dos segredos para decifrar a chave do sucesso.

Princípio 80/20 ou Lei de Pareto

A Lei de Pareto (ou princípio 80/20) foi criada pelo economista italiano Vilfredo Pareto e é muito utilizada no mundo corporativo e nos cursos de administração e engenharia. Ela prega que 80% das consequências advêm de 20% das causas. Para que o leitor possa entender mais facilmente, ilustrarei com alguns exemplos.

Segundo o economista italiano, 80% do faturamento de uma empresa está concentrado em 20% dos clientes; 80% do estoque é representado por apenas 20% dos itens; 80% da riqueza mundial está nas mãos de 20% das pessoas; 80% da população mundial está concentrada em 20% dos países mais populosos; e 80% das reclamações dos consumidores se concentram em 20% dos principais tipos de problemas. As porcentagens podem variar entre 85/15 ou 75/25 – depende dos problemas analisados –, mas a verdade é que dificilmente fogem dessa proporção.

A teoria nos mostra que 20% das ações geram 80% dos resultados e, dentro desse conceito, apenas 20% das pessoas estão preparadas e dispostas a encarar os obstáculos e as dificuldades como um processo de aprendizado e se aprimorar na busca do sucesso na vida pessoal e profissional. Portanto, a grande maioria, que representa 80% da população, é formada por pessoas que evitam as dificuldades que, ao final, as levam ao autoaperfeiçoamento contínuo, ao crescimento pessoal e profissional. Infelizmente, esse grupo de pessoas tem chances limitadas de decifrar a chave que as levaria ao sucesso.

Se você está no grupo de 20% das pessoas dispostas a encarar o desafio de encontrar a chave, parabéns! Você sabe que o sucesso é fruto de seu trabalho, esforço, determinação, de suas habilidades e da sua capacidade de realização para gerar resultados de forma contínua, ou seja, depende de si mesmo, de suas atitudes! O grupo restante de 80% dependerá do fator sorte, ao acaso – ou a fatores externos, que não podem ser monitorados ou controlados.

Como os fatores de sucesso incluem uma parcela de sorte e fatores externos, isso leva muitas pessoas a abandonar o desenvolvimento de habilidades e competências e ignorar que o caminho do sucesso precisa ser construído, desbravado, pavimentado. É verdade que a maioria dos sortudos veio ou casou com alguém de família rica, ganhou na loteria ou nasceu em uma determinada data e local de grande prosperidade ou revolução tecnológica. Mas, por outro lado, também é verdade que 80% das pessoas que venceram na vida e se tornaram bem-sucedidas se prepararam e encontraram a chave para o sucesso por seus próprios méritos.

> *Nas grandes batalhas da vida, o primeiro passo para a vitória é o desejo de vencer.*
> Gandhi

A grande maioria das pessoas acha que seus maiores problemas são provocados por situações e circunstâncias que estão à sua volta, gerados por outras pessoas, pelo chefe, pela empresa, pelo trânsito, mas isso geralmente não é verdade. A maioria das razões tem a ver com sua própria falta de capacidade ou habilidade, falta de disciplina ou foco. O princípio 80/20 parece se aplicar também à teoria das restrições e, nesse contexto, 80% daquilo que está impedindo você de seguir em frente e desenvolver suas atividades com qualidade e atingir suas metas está dentro de você, e apenas 20% provêm de fatores externos.

Pode-se esperar pacientemente ou ansiosamente pelo fator sorte ou pelo acaso, ou começar a se preparar para encontrar o caminho do sucesso e aumentar suas chances de sucesso pessoal e profissional. Você pode ficar na esperança de que o destino venha ajudá-lo ou salvá-lo, ou pode aumentar suas chances de ser bem-sucedido preparando-se de forma consciente, planejada, com persistência, trabalho duro e muito treino, com gerenciamento adequado de seu tempo e focado em suas prioridades e objetivos, buscando a excelência em tudo aquilo que faz, com atitudes de vencedor! Como diz um famoso anúncio da Nike, a grandeza é do tamanho da sua vontade. Grandeza não precisa de sorte, mas de muito suor!

Do ponto de vista prático, como você pode organizar seu dia a dia de forma mais eficiente, utilizando o princípio 80/20, com foco em seus objetivos pessoais e profissionais e otimizar ao máximo as 24 horas do dia do recurso chamado tempo?

Se fizer uma análise do seu dia, vai descobrir que 20% de suas atividades gastam 80% do seu tempo. É verdade que existe tempo para coisas que não podemos evitar, como dormir, comer, tomar banho, enfrentar o trânsito etc. Contudo, se deseja melhorar sua produtividade pessoal e profissional, dedicando uma parcela do seu tempo às coisas que realmente são importantes para você e sua vida, analise todos os fatores que fazem com que o tempo voe e que o distanciam de seus sonhos, objetivos e metas.

Algumas perguntas poderão ajudá-lo a descobrir se planeja seu tempo eficientemente:
- Será que ler e-mails sobre curiosidades é assim tão importante?
- Até que ponto preciso ler o caderno do jornal que tem pouca importância para os meus conhecimentos e minhas atividades?

- Tenho que participar de todas as redes sociais?
- Preciso ficar duas ou três horas por dia assistindo a programas de TV?
- Será que aquele jogo do Facebook está contribuindo para os meus objetivos?
- Como posso reduzir o tempo gasto ao telefone?
- Como posso contribuir para tornar as reuniões mais produtivas?
- Como posso utilizar melhor a tecnologia para organizar minha agenda?

Fazendo a sua própria Matriz de Gestão do Tempo

A história do homem livre nunca é escrita pela sorte, mas pela escolha – a escolha dele.
Dwight D. Eisenhower

Utilizando o modelo da Matriz de Gestão do Tempo de Stephen Covey, que citamos anteriormente, faça um exercício e prepare sua própria matriz com base em sua situação atual. Observe e anote o tempo dedicado a suas atividades diárias por uma ou duas semanas, alocando o tempo dedicado nos quadrantes I, II, III e IV. Se você preferir, utilize a metodologia Tríade do Tempo com as três esferas: Urgentes, Importantes e Circunstanciais.

Em seguida, faça uma reflexão sobre os momentos de tempo produtivo e aquilo que é perda de tempo. Depois defina suas estratégias, alinhadas com seus objetivos de vida, e trace um plano de ação. Mantenha a disciplina, seja persistente, mude comportamentos e, se necessário, revise suas estratégias, mas não mude seus objetivos. Em pouco tempo você estará dedicando parte do seu tempo a coisas que realmente o aproximam de seus objetivos e de suas metas.

O sucesso e o fracasso são totalmente dependentes da capacidade do indivíduo de produzir ou não. A razão primária para o fracasso é a falta de competências desenvolvidas, imagem pessoal negativa, baixa produtividade, geralmente combinados com desperdício de tempo. Por isso é importante focar atividades de alto valor para os seus objetivos pessoais e profissionais.

Use seu tempo sabiamente para desenvolver suas competências e habilidades e se tornar realmente bom naquilo que faz. As pessoas de sucesso pensam muito em como usar o tempo, planejam e o dividem cuidadosamente e querem ter certeza de que o estão usando nas atividades de maior valor.

A palavra-chave deste capítulo é **disciplina**. Otimizar o uso do tempo para construir seus sonhos, melhorar sua qualidade de vida ou desenvolver suas habilidades é uma questão de disciplina. E disciplina é uma questão de atitude!

PLANO DE AÇÃO

Reserve alguns minutos e pense em dez ações que você deve colocar em prática nos próximos seis meses para otimizar o uso do seu tempo. Cabe a nós agendar nossas prioridades para atingir nossas metas e nossos objetivos pessoais e profissionais. Inclua na sua lista a mudança de hábitos que estão tomando o seu tempo demasiadamente. Veja as cinco dicas que mencionei anteriormente para aumentar sua produtividade. Sugiro que você inclua uma ou duas ações para melhorar a sua qualidade de vida, como fazer caminhada, andar de bicicleta ou outra atividade, como leitura e ir ao cinema. Reserve um tempo para sua família e para estreitar relacionamentos.

O importante é você aumentar o seu tempo com atividades do quadrante II, da Matriz de Gestão do Tempo, seguindo o modelo do quadro das páginas 67 e 68.

Escreva a lápis; desse modo você pode fazer uma eventual correção no texto ou incluir outro item.

1. _____
   _____
2. _____
   _____
3. _____
   _____
4. _____
   _____

5. _____
_____
6. _____
_____
7. _____
_____
8. _____
_____
9. _____
_____
10. _____
_____

Lembre-se de que gerenciar o tempo é ter foco em atividades de grande valor para seus objetivos pessoais e profissionais. Disciplina é a palavra-chave para gerenciar o tempo.

C.A.P.Í.T.U.L.O. 4

Image (Imagem)

PODE VALER MUITO MAIS DO QUE VOCÊ IMAGINA

Vivemos em uma sociedade de consumo repleta de opções, com milhares de marcas inundando o mercado e invadindo nossas mentes nos comerciais de TV, rádio, jornais e revistas, outdoors, prateleiras dos supermercados e lojas de shopping centers. Um número incontável de informações chega a nossos ouvidos e olhos todos os dias.

Com tantas opções, temos que definir alguns parâmetros para fazer nossas escolhas no momento da compra de um determinado produto. Qualidade, confiança, fama, preço, fabricante e embalagem do produto são alguns dos principais fatores nessa escolha. Todos os elementos são determinantes, mas um dos atributos mais importantes é a confiança do consumidor na marca. A confiança é um ativo vital para a marca de um produto ou de seu fabricante. Confiança se constrói a passos lentos, na direção certa, no mesmo sentido, com conquistas e percepções de valor. Essa é a essência do gerenciamento de marcas. Construir confiança da marca do produto para o mercado, para os consumidores, para os clientes.

A marca mais famosa é sempre a mais cara, pelo reconhecimento de sua qualidade e a confiança do consumidor, e também pela imagem positiva que conseguiu criar. As outras marcas não se diferenciam muito entre si e acabam competindo com preços mais baixos.

Em nossa vida pessoal e profissional não é diferente. Uma marca pessoal também se constrói por meio de vários atributos. Ter uma imagem positiva é fundamental. Conhecimento, habilidades, atitudes, competências, qualificação, experiência e confiança são outros atributos igualmente importantes no processo e, em conjunto, são fundamentais na construção de uma marca pessoal. Ela é um fator determinante no valor de um profissional no mercado e em seus relacionamentos pessoais.

A importância de uma imagem pessoal positiva

Ter uma imagem pessoal positiva é um dos pilares mais importantes para o sucesso na carreira e faz parte do processo de construção da marca pessoal. Sua imagem pessoal é um espelho que reproduz seus sinais, habilidades, conhecimento, competências, comportamentos e até a aparência física.

Investir nas relações de trabalho – tratando todos com respeito, empatia, ética e espírito de colaboração –, no aprimoramento de suas habilidades e nos relacionamentos interpessoais, ter atitudes positivas e comprometimento e gerar resultados consistentes, tudo isso compõe a fórmula para construir uma imagem positiva.

Tempos atrás, minha ex-colega de trabalho Marisa Godoy, especialista em desenvolvimento de carreira, me ensinou a usar uma ferramenta denominada PIE, criada pelo consultor norte-americano Harvey Coleman, autor do livro *Empowering Yourself*, com os três elementos-chave para o sucesso profissional: Performance, Imagem e Exposure (visibilidade). Considerei-a muito eficaz e de fácil aplicação em nosso cotidiano. Atualmente, utilizo-a quando necessário em meus trabalhos de *coaching*.

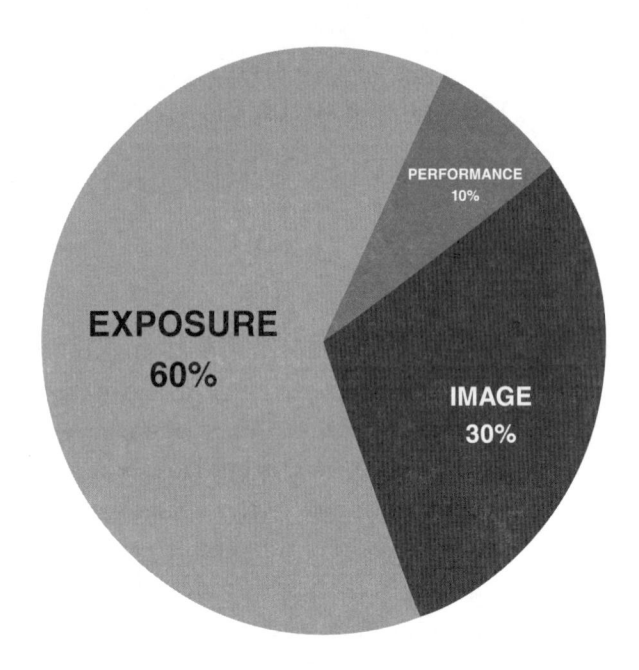

Fonte: www.mondofrank.com/pie/

O **primeiro elemento-chave** é a *performance*. A performance é uma condição básica, fundamental no trabalho, para manter a empregabilidade e evoluir na carreira. É fazer o trabalho bem-feito e ter um bom desempenho. Você não precisa ser excepcional ou brilhante, mas deve fazer bem o seu trabalho e entregar resultados práticos. Ter experiência prática e competências técnicas bem desenvolvidas são fatores essenciais para um bom desempenho.

O **segundo elemento** é ter uma imagem pessoal positiva. "Construir uma imagem pessoal positiva no ambiente de trabalho é fundamental para ser reconhecido. Por isso, é preciso que você mostre suas competências e qualidades para os outros", ensina Max Gehringer, na Coleção *Lições para o sucesso* (Gold Editora, 2008). A habilidade de se relacionar é um dos fatores mais importantes na construção de uma imagem pessoal positiva.

Valorize seu nome. Ele é o principal ativo para sua marca pessoal, além de vital para a construção de sua carreira.

O **terceiro elemento** importante é o *exposure* (exposição ou visibilidade). No dia a dia é fundamental o profissional aproveitar todas as chances para se fazer notar. Uma dica é colocar-se à disposição para participar de novos projetos ou iniciativas internas para melhoria de processos. Construir uma boa rede de relacionamentos também é um passo importante para se tornar conhecido.

O seu gestor é um dos responsáveis por facilitar sua exposição, mas você precisa fazer sua parte. Seja proativo e marque presença. Ter iniciativa e proatividade é uma grande oportunidade para mostrar suas ideias e uma boa maneira para melhorar sua visibilidade. Jack Welch, ex-presidente da GE, considerado o melhor executivo do século XX, disse: "É possível aumentar sua visibilidade levantando a mão na hora da convocação de pessoas para projetos e iniciativas, em especial aquelas que não desfrutam muita popularidade no começo da carreira".

Os três elementos são importantes para uma carreira de sucesso e são atributos para a construção de uma marca pessoal. Se o seu objetivo é evoluir na carreira e ser promovido, não basta ter um bom desempenho. Ter uma imagem pessoal positiva e uma boa visibilidade é primordial, e conta muito no momento de uma promoção. Portanto, se quiser manter o emprego, tenha uma boa performance, com resultados práticos e mensuráveis. Se o objetivo é crescer na carreira, os três elementos são fundamentais: ter um bom desempenho, uma imagem positiva e uma boa visibilidade.

Os atributos de uma marca pessoal

O **principal atributo** de uma marca pessoal é a *confiança*. A confiança não se compra, não se pede, não se encontra no cartão de visitas. A confiança se conquista, se constrói passo a passo.

A confiança é a chave da reputação, que vai muito além de sua posição na organização, e é um ativo vital para sua marca pessoal e sua carreira. É preciso construir a percepção de valor de sua imagem por meio da confiança.

O **segundo atributo** mais importante na construção de uma marca pessoal são as *atitudes*. Elas são fundamentais. Proatividade, engajamento, entusiasmo, criatividade, flexibilidade, comprometimento e espírito de equipe são comportamentos importantes na construção de sua marca pessoal.

Há profissionais que vivem na zona de conforto, sem iniciativa, ficam sempre na defensiva, estão sempre adiando suas tarefas, vivem na apatia. No primeiro sinal de uma crise, de redução de vendas, de corte de pessoal ou de uma reestruturação, eles procuram se esconder. Com medo das incertezas, olham para todos como seus possíveis algozes. São profissionais perdidos, que não sabem aonde querem ir, aonde querem chegar. Seu plano de carreira se resume a uma palavra: sobrevivência. Atitudes como essas são extremamente negativas para sua imagem pessoal e para a construção de sua marca pessoal. Se você está no rol das pessoas com esses comportamentos, é melhor rever seus conceitos, crenças e atitudes.

Os homens são parecidos em suas promessas, mas diferentes em suas atitudes.

O **terceiro atributo** de uma marca pessoal é o *relacionamento*. Prestar atenção em suas atitudes no dia a dia no relacionamento com clientes, fornecedores, pares, subordinados, superiores e colegas é um elemento fundamental na construção de sua marca pessoal. Destaque suas qualidades, valorize seus pontos positivos, conquiste as pessoas, seja especial sendo você mesmo e cuide bem do seu *networking*.

O **quarto atributo** na construção de uma marca pessoal é *a visibilidade*. Seu nome é uma marca que precisa ser vista, ter diferenciais, ser lembrada e percebida como valor pelos pares, chefes e subordinados. Essas pessoas recebem os sinais de nossa marca através de nossas atitudes, comportamentos, conduta, habilidades de relacionamento, caráter e integridade. Sua marca pessoal precisa ter destaque. Criar valor para sua marca pessoal é o nome do jogo!

Nos esportes, ganha visibilidade o atleta que vencer a prova ou a competição. Nas empresas, destaca-se o profissional que tiver capacidade de trabalhar em equipe, comprometimento e alto desempenho. Na vida pessoal, destacam-se as pessoas que possuem habilidade de relacionamento, e assim por diante.

O **quinto atributo** é a *simpatia*. A pessoa com essa característica quase sempre é bem-humorada e afável com os colegas e irradia uma energia positiva. A vida é cheia de obstáculos, de dificuldades, nada é fácil. A simpatia é um atributo muito difícil de ser desenvolvido e muito raro. Mas pode ser a principal maneira de você ser lembrado e reconhecido e ser a sua marca pessoal.

No entanto, é preciso ser comedido para não se tornar o supersimpatia, que pode provocar irritação nos colegas e interpretações equivocadas. Qualquer coisa em excesso está sujeita a efeitos colaterais. O sucesso está no equilíbrio!

O **sexto atributo** na construção de uma marca pessoal é a *aparência*. Alguns sinais bastante fortes da nossa imagem vêm de nossa aparência física, das roupas, do corte de cabelo, do carro, de nossa mesa de trabalho, do tom de voz e até do que carregamos nas mãos. Tudo isso revela muito sobre nós e retrata um pouco da nossa imagem e da nossa personalidade. Portanto, dê uma olhada em sua mesa, nos acessórios que você usa, em seu corte de cabelo e barba, na forma como você se veste e se dirige às pessoas. Faça uma autoavaliação e pergunte se tudo isso condiz com a imagem que você quer transmitir ou que você idealiza.

Desvendando sua marca pessoal

Você é o responsável por sua imagem e marca pessoal. Sua imagem reflete quem você é, e ela pode ser negativa ou positiva, depende da percepção das outras pessoas. Não a sua percepção, mas a dos outros. As pessoas de seu relacionamento pessoal, familiar, social ou profissional podem avaliar sua imagem pessoal de forma diferente daquilo que você imagina ou deseja, mas isso não é culpa deles. É você que está enviando sinais errados.

Qual é, então, sua imagem que é percebida pelas outras pessoas? Qual é sua marca pessoal? Como você gostaria de ser identificado ou lembrado? Quais são os atributos e adjetivos que estão sendo associados a você? Individualista, arrogante, teimoso? Ou competente, criativo, participativo, eficiente?

Quando a percepção negativa envolve a sua aparência, é fácil fazer uma autoavaliação, aceitar os fatos e fazer mudanças no visual e no estilo que possam ser percebidas de forma rápida pelas pessoas ao seu redor. O mais difícil é saber que a audiência não tem uma boa imagem de sua marca pessoal; o que pode ser decepcionante e causar frustrações. A distância entre a imagem que idealizamos e a imagem percebida pela nossa audiência pode ser grande, bastante distorcida. No entanto, a percepção dos outros é a realidade, e de nada adianta pedir sinceridade nas respostas se não estivermos dispostos a ouvir o que eles realmente pensam de nós.

O que acontece se reagirmos às críticas ou se não estivermos dispostos a ouvir é que perdemos momentos preciosos que deveriam ser importantes para o nosso aprendizado e para o nosso crescimento. O desafio é você definir estratégias e colocá-las em prática para corrigir a distância entre os dois pontos, o idealizado por você e o percebido pela sua audiência.

Muitas vezes pode ocorrer o contrário, as forças de nossa marca pessoal estão onde não percebemos ou até ignoramos. Pode acontecer que subestimamos o verdadeiro potencial de nossa marca, ou que determinados aspectos de nossa personalidade e de nosso caráter têm pouco valor pela nossa audiência por pura ignorância.

De uma forma ou de outra, você funciona o tempo todo como uma ferramenta de comunicação multimídia, e se os outros o avaliam de forma diferente do que gostaria, é sinal de que está se expressando ou agindo de forma equivocada. O autoconhecimento é um processo importante para conhecer melhor sua marca, e vital para dar os primeiros passos e planejar a criação de sua marca pessoal.

Como planejar a criação de sua marca pessoal

Al Ries, um dos maiores especialistas em marketing, disse: "Se você quiser ter sucesso um dia, terá de estreitar seu foco, a fim de representar alguma coisa na mente das pessoas". Alguns sinais bastante fortes de nossa imagem vêm da aparência física. Outro ponto emana de nossa personalidade. Segundo o *Dicionário Houaiss*, personalidade "é o conjunto de características que distingue uma pessoa". Profissionais que não têm personalidade não entusiasmam e frequentemente fracassam. Vendedores perdem negócios, equipes de atendimento ao cliente não transmitem confiança e afastam os clientes, líderes não conseguem inspirar suas equipes, e por aí vai.

Se você quer construir uma marca, deve concentrar seus esforços para ter uma palavra na mente das pessoas. Uma palavra que ninguém mais tenha.
Al Ries

Por isso, é importante desenvolver suas características e qualidades para que se tornem um ponto de destaque e percebidas naturalmente pela sua audiência. A questão novamente é a seguinte: Como você gostaria de ser lembrado? Pelo seu entusiasmo, relacionamento, pela aparência, eficiência ou simpatia? Qual o adjetivo que gostaria que fosse atribuído a você? Quais são as atitudes e comportamentos que precisam ser mudados para que estejam condizentes com seu objetivo de construir uma marca pessoal?

No passado, um curso superior fazia grande diferença no currículo. Além disso, a experiência contava muito na hora de contratar uma pessoa. Atualmente, para muitas vagas de emprego, ter um curso de graduação é pré-requisito. Muitos jovens que estão ingressando no mercado de trabalho têm uma boa formação, participaram de intercâmbio no exterior, falam vários idiomas e os diferenciais entre esses novos profissionais ficaram pequenos, quase imperceptíveis. Ter uma boa imagem pessoal e atitudes positivas pode ser a diferença entre o contratado e o não contratado, entre o promovido e o não promovido, entre uma estrela e o anônimo.

Ter um diferencial é um dos fundamentos mais importantes na construção de uma marca pessoal.

Há milhares de profissionais no mercado e outros milhares entrando todos os anos. O que diferencia você dos outros profissionais? Qual seu diferencial? Se você não tem um diferencial, então é igual aos outros e se torna uma *commodity*. Segundo Arthur Bender, autor do livro *Personal Branding* (Editora Integrare, 2009), "planejar estrategicamente essa diferenciação é a chave para alavancar uma carreira de sucesso".

A palavra-chave deste capítulo é **reputação**, que em outras palavras quer dizer renome, reconhecimento, prestígio.

PLANO DE AÇÃO

Reserve alguns minutos e pense em dez ações que você deve colocar em prática dentro de seis meses para melhorar sua imagem pessoal e sua visibilidade para construir sua marca pessoal. Lembre-se: o que você idealiza não é necessariamente o que as pessoas à sua volta percebem. O que importa é como as pessoas o avaliam. Uma de suas ações pode ser um exercício de autoavaliação. Faça uma autoavaliação de seu comportamento, de suas qualidades e características e avalie o que pode contribuir para sua imagem pessoal e o que pode prejudicá-la.

Ter uma imagem pessoal positiva e planejar estrategicamente a construção de sua marca pessoal é fundamental para construir uma carreira de sucesso.

Escreva a lápis; desse modo você pode fazer uma correção no texto, se necessário. Se preferir, use uma folha em branco pautada.

1. _____
   _____
2. _____
   _____
3. _____
   _____
4. _____
   _____

5. _____
_____
6. _____
_____
7. _____
_____
8. _____
_____
9. _____
_____
10. _____
_____

C.A.P.Í.T.U.L.O. 5

Threats (Ameaças)

LIBERE SEU POTENCIAL

Cada um de nós tem a tendência de pensar que vê as coisas como elas são. Mas não é bem assim. Vemos o mundo não como ele é, mas como nós somos, ou seja, como fomos condicionados a vê-lo. Quando descrevemos o que vemos, na verdade descrevemos a nós mesmos nossas percepções, nossos paradigmas e nossas crenças. Quando as outras pessoas discordam de nós, imediatamente achamos que há algo errado com elas. No entanto, pessoas diferentes podem ver as coisas de modo diferente, cada uma olhando o mundo através das lentes de sua própria experiência.

Tenho convicção de que nossas limitações pessoais e crenças têm um efeito mais importante sobre nossas emoções, decisões e na forma de pensar e agir do que possamos imaginar. As limitações pessoais e as nossas crenças governam nossos pensamentos, dão o tom às nossas ações e escolhas. Elas têm um impacto maior em nossas vidas do que queremos acreditar. Essa convicção foi o que me motivou a inserir esse componente como um dos pilares da metodologia ATTITUDE e dedicar um capítulo inteiro deste livro ao impacto das limitações pessoais na busca do sucesso. A ideia é provocar uma reflexão sobre os desafios e oportunidades de alavancar seu poder mental através do autoconhecimento, com suas próprias descobertas.

O sucesso não é determinado pelo que está acontecendo conosco, mas por aquilo que fazemos com o que acontece conosco.

É você quem decide como se sentir ou agir, baseado em suas crenças, valores, experiências, conhecimento. Fracassos são inerentes a todas as esferas das atividades humanas, pessoais ou profissionais – e a maneira como lidamos com os fracassos determina nossa trajetória na vida. O essencial é estar disposto a aprender e saber lidar com as adversidades. Aprender a identificar os problemas e responder de forma rápida para limitar os danos e resgatar nossos esforços pode ser, em última instância, o fator determinante do sucesso. Nossas atitudes e a coragem para continuar a luta são inerentes à trajetória do sucesso.

O maior dom de Deus é seu potencial ilimitado. Seu maior dom, para Deus, é usar esse potencial ao máximo.

James Arthur Ray

Já abordamos anteriormente que encontrar a chave para o sucesso requer conhecimento, habilidades, atitudes, treinamento, gerenciamento adequado do tempo e uma imagem pessoal positiva. São pilares da metodologia ATTITUDE. Neste capítulo, iremos abordar a importância de conhecer o que nos limita ou impede de realizar nossos sonhos, objetivos e nosso propósito de vida. É preciso saber o que está limitando nosso crescimento pessoal e profissional, descobrir quais são nossas limitações, crenças, medos e ameaças internas. As ameaças internas são decorrentes de nossas crenças negativas, de nossos comportamentos indesejáveis e de nossas próprias limitações pessoais. Elas limitam nosso crescimento e nosso desempenho. Elas nos amarram!

O ser humano pode controlar suas atividades mentais e comportamentos até um ponto em que não acreditamos ser possível. Os monstros e as mazelas de nossa mente são criados por nós mesmos. A angústia, a ansiedade, o desânimo e a depressão são frutos de nossa própria mente. Como percebemos isso e, principalmente, o que fazemos a respeito faz uma grande diferença.

É a mente que faz a bondade e a maldade.
Que faz a tristeza ou a felicidade, a riqueza e a pobreza.
Edmund Spenser

Nosso modo de pensar e agir nos levou à situação em que estamos agora. Para passar a um novo patamar é fundamental repensar velhos hábitos e estar disposto a mudar o *drive* de pensamento, agir e incorporar outras formas mais apropriadas para a situação. Nossa mente exerce um poder enorme sobre tudo que fazemos ou deixamos de fazer. O mais importante é que você passe a ter poder sobre sua mente, de tal forma que possa transformar pensamentos negativos em pensamentos positivos e crenças negativas em crenças fortalecedoras. Use sua força mental como um importante aliado na busca do sucesso e da felicidade, pois seu comprometimento, caráter, valores, pensamentos e crenças são fatores que determinam seu grau de sucesso.

A maioria das pessoas age de forma inconsciente, estão condicionadas e atuam de forma automática. É o invisível que afeta nossas decisões. E as coisas que não vemos ou que não compreendemos muitas vezes são mais poderosas do que as que vemos. Para aprender e incorporar novas técnicas, sistemas e processos, muitas vezes temos que aprender a "desaprender". Para mudar nosso mundo exterior, temos que mudar nosso mundo interior.

Os principais hábitos e comportamentos indesejáveis

> *Se você faz o que sempre fez,*
> *você obterá o que sempre obteve.*
> Anthony Robbins

Algumas das limitações pessoais mais comuns são os hábitos comportamentais indesejáveis. Hábitos são padrões de comportamento que se tornam automáticos em função de sua frequência e repetição constantes. Depois de certo tempo se torna extremamente difícil mudá-los, pois nos dominam e nos deixam expostos, aborrecidos e até infelizes.

Alguns hábitos são totalmente inadequados e se tornam obstáculos à carreira profissional e aos relacionamentos pessoais e familiares. As pessoas com hábitos indesejáveis afastam os colegas e cada vez mais se sentem sozinhas e isoladas, o que pode ser um fator limitante da carreira profissional. Além dos hábitos inadequados e dos comportamentos indesejáveis, há também certas características e atitudes negativas e impróprias que impedem ou limitam seu desenvolvimento pessoal e seu crescimento profissional.

Considero que estes são os dez principais hábitos, comportamentos e atitudes inadequados, indesejáveis e prejudiciais ao desenvolvimento pessoal e ao crescimento profissional:

Falta de comprometimento: comprometimento significa se envolver com profundidade em seu trabalho, com suas metas pessoais e profissionais. Entregar projetos e trabalhos fora do prazo, não ter compromisso com a qualidade e com os resultados estão entre os comportamentos que mais prejudicam a evolução da carreira profissional.

Pessoas que têm "brilho nos olhos", que se esforçam e se dedicam com entusiasmo à sua atividade têm maiores chances de conseguir sucesso pessoal e profissional.

Arrogância: um dos comportamentos que mais prejudicam a evolução profissional e os relacionamentos pessoais é a arrogância. Geralmente ela é exercida em relação aos colegas, subordinados e fornecedores. O indivíduo acredita que sabe tudo, que está sempre certo em suas opiniões, não sabe ouvir e tem dificuldade para aceitar críticas e/ou receber *feedback* negativo. Há gestores que gostam de ser temidos pelas equipes, cultivam a imagem de arrogantes, sentem-se poderosos com o cargo que ocupam e pelo cartão de visitas, e adoram maltratar as pessoas pelo poder que têm momentaneamente.

Mas na vida tudo passa, nada é para sempre! **Assim como as estações do ano, as pessoas também vêm e vão.** A dificuldade de relacionamento é o primeiro sintoma dos arrogantes.

Não saber trabalhar em equipe: pensar em si e não saber trabalhar em equipe pode ser extremamente prejudicial à carreira, seja você atleta, ator, escritor, funcionário de uma empresa privada ou pública. A competição deixa de privilegiar a união das pessoas e incentiva as comparações, que trazem sentimentos como inferioridade, insegurança e medo.

A força de uma organização está na equipe, e unir as forças para atingir um objetivo estimula no indivíduo o desejo de fazer o melhor de si e superar obstáculos, numa cadeia em que todos crescem.

Falta de disciplina: a disciplina é a mais poderosa ferramenta prática de que o homem dispõe para alcançar suas metas. Não entregar o que foi pedido; não ter foco no trabalho com os objetivos e as metas; não gerenciar o tempo de forma adequada, com perda excessiva de tempo em redes sociais; e deixar de fazer as coisas importantes são características de pessoas com dificuldades de execução. Com certeza, o profissional com esse perfil terá dificuldade para evoluir na carreira e avançar na direção do sucesso.

Como já vimos no Capítulo 3, o tempo é um recurso limitado, e saber usá-lo com inteligência, priorizando seus objetivos e a habilidade de estabelecer metas de curto prazo, é um dos fatores do sucesso.

Falta de bom senso e mau humor: não ter bom senso é prejudicial às relações de trabalho, provoca desarmonia e mal-estar com os colegas e chefes. Já os mal-humorados mudam de humor com um simples telefonema ou pedido do chefe. Esse tipo de comportamento gera desconforto, e os gestores e colegas têm dificuldade em lidar com ele.

Fazer o papel de vítima: há indivíduos que vivem fazendo o papel de vítima. Meu chefe não gosta de mim, a empresa não me dá chance, sempre sou preterido nas promoções, não tenho tempo, esse problema não é comigo, ninguém me entende, nasci pobre, e por aí vai. Também gostam de apontar falhas na empresa. Estão sempre insatisfeitos e vivem reclamando. Pessoas negativas são como um campo de areia movediça: onde quer que estejam estão sempre para baixo, com atitudes derrotistas! É mais confortável atribuir a culpa pelo seu insucesso aos outros do que a você mesmo. Você conhece alguém com esse perfil? Se sua resposta for sim, fique longe dele para não ser "contaminado".

Falta de flexibilidade/adaptabilidade: falta de flexibilidade é ficar contra as mudanças, iniciativas e novos projetos da empresa de forma sistemática. Isso é considerado uma característica negativa da pessoa. No mundo atual, as mudanças ocorrem com muita velocidade, e é preciso ter a mente aberta para o novo, para a inovação. Flexibilidade significa adaptar as estratégias e ações às circunstâncias, buscando alternativas inteligentes a cada situação. Isso exige comprometimento, engajamento, esforço e facilidade de adaptação.

Nada é eterno, exceto a morte, os impostos e, claro, as mudanças. O profissional deve saber lidar com elas e se adaptar às necessidades e aos recursos oferecidos pela empresa. A velocidade com que as coisas acontecem no ambiente de negócios é cada vez maior, e o profissional deve estar preparado para isso. É você que deve se adaptar à empresa, não a empresa a você.

Procrastinação: a procrastinação é o grande matador do potencial humano. Procrastinar significa adiar, postergar, prorrogar, protelar, retardar, deixar uma atividade para depois. A procrastinação resulta em estresse e perda de produtividade quando, por não se cumprir um compromisso ou uma responsabilidade, se impede o funcionamento normal das atividades profissionais ou pessoais.

A procrastinação é um hábito baseado na inércia e no

medo. Ela pode estar relacionada a fatores como ansiedade, baixa autoestima, perfeccionismo e preguiça emocional. Com procrastinação, a única coisa que vai para a frente é o prazo de entrega!

Falta de motivação: a motivação é uma chama que gera energia, que nos move, que nos leva à ação. Se a chama da motivação se apaga, o trabalho se torna ruim, e o crescimento pessoal e profissional fica prejudicado. Embora os fatores externos tenham algumas influências, a motivação é um processo interior do ser humano, ou seja, a motivação vem de dentro, não de fora.

Muitas vezes o mundo é desmotivador, e a vida de cada um de nós é cheia de momentos difíceis, desafios, obstáculos, mas também de amor, alegrias, realizações, superação e sucesso. A capacidade de se automotivar é um dos segredos para encontrar a chave para o sucesso.

Falta de ética: a falta de integridade e as atitudes antiéticas são uma das principais causas de desligamento nas empresas e uma barreira para o crescimento profissional e para o sucesso pessoal. Em curto prazo a pessoa pode levar alguma vantagem, mas no médio e longo prazos as atitudes antiéticas podem provocar danos irreparáveis à imagem, à vida pessoal e à carreira do indivíduo.

Tanto na vida pessoal e profissional como também dentro das organizações, os maus hábitos são fatores limitantes do crescimento, do desempenho e também da produtividade. Enquanto na vida pessoal e profissional os maus hábitos limitam o desenvolvimento e o desempenho das pessoas, nas organizações os hábitos improdutivos arraigados passam a fazer parte da cultura da empresa e provocam um efeito danoso ao longo do tempo, muito difícil de ser mudado. Em ambos os casos, os hábitos podem ser a diferença entre o sucesso e o fracasso, a eficiência e a ineficiência, o crescimento e a estagnação.

Não é fácil livrar-se dos maus hábitos e criar os bons, mas é perfeitamente possível. A autoavaliação, a conscientização e a vontade de mudar são premissas básicas para que ocorra uma mudança de comportamento. Defina um plano de ação com metas de curto prazo para mudar os comportamentos improdutivos e indesejáveis e libere seu potencial ao máximo. O segredo é trabalhar um comportamento de cada vez, passo a passo, até ser incorporado um novo hábito saudável.

Uma das ferramentas mais eficazes para a mudança de hábitos e os comportamentos improdutivos e indesejáveis é o *coaching*. Através do processo de *coaching* você pode transformar uma limitação pessoal em habilidade, uma fraqueza em fortaleza, um comportamento inadequado em competência. O *coaching* utiliza ferramentas e técnicas comprovadas que podem provocar grandes transformações, como aumentar o desempenho e a melhoria de resultados.

Seu gestor, colegas e parentes também podem ajudá-lo na mudança de comportamento. Peça *feedback*, e esteja com a mente aberta para as mudanças. Observe seus comportamentos e estabeleça, passo a passo, pequenas metas de curto prazo.

Transformando crenças negativas em crenças fortalecedoras

Controle sua mente ou ela o controlará.
Horácio

Nada pode controlar tanto o ser humano como suas crenças falsas ou negativas: superstições, preconceitos, verdades irreais. As crenças negativas são um componente limitador do crescimento pessoal e profissional. Crenças não são nada mais que modelos mentais que adquirimos, e é por meio deles que percebemos a realidade que nos rodeia. Para começar, temos de nos conscientizar de que não existem verdades absolutas. O que existe é a verdade que cada um vê a partir de seus modelos mentais e da interpretação que faz dos fatos.

Uma crença é uma convicção, um sentimento de verdade, de certeza, de fé. No campo dos temores, as crenças geram medo de conquistar, falar, escrever, ousar, caminhar, sonhar. Crenças negativas amordaçam sua inteligência e o tornam incapaz de atingir seus sonhos.

Para ilustrar, tomemos como exemplo a questão da prosperidade e riqueza. O que impede as pessoas de obter sucesso financeiro e ter abundância em suas vidas? Muito provavelmente, a resposta na maioria das vezes será a crença de que o sucesso financeiro não é uma possibilidade. Muitos criam várias barreiras inconscientemente, o que as impede de conseguir abundância e riqueza.

Se você tem crenças limitantes sobre dinheiro, será difícil alterar as limitações financeiras, porque seu inconsciente irá obstruir seus esforços para ter sucesso. Esse é o motivo pelo qual algumas pessoas acabam vivendo de contracheque em contracheque toda a vida – em algum nível elas não acreditam que são capazes de fazer melhor.

É preciso criticar aquilo em que se crê e transformar as crenças negativas em crenças fortalecedoras. A física quântica explica que existem no universo infinitas possibilidades de realidade, e o fantástico dessa teoria é que nós é que escolhemos nossas realidades e nossas verdades, através de padrões de pensamento. Baseada nessa mesma corrente, a sabedoria popular nos ensina que "pensamento negativo atrai coisa ruim; pensamento positivo atrai coisa boa". Você não pode ter uma vida positiva com uma mente negativa!

Posso afirmar que um copo com água pela metade está meio cheio e você, então, pode afirmar que não é verdade, que está meio vazio. Minha interpretação pode ser decorrente do fato de que não estou com muita sede, então meio copo é suficiente. Por outro lado, se você está com muita sede, provavelmente irá afirmar que o copo está meio vazio. Quem não está com sede, provavelmente nem atentará para esse detalhe. A realidade é muito relativa.

Mas o fato é que passamos boa parte do tempo tentando confirmar nossas crenças e, assim, criamos nossas "verdades"! O bom nisso é que podemos apagar qualquer modelo, mudar nossas crenças negativas e incorporar novas crenças fortalecedoras. O processo é relativamente simples. O mais importante é se conscientizar de que não existem verdades absolutas e estar aberto a novos conhecimentos, conceitos e possibilidades. O autoconhecimento, a autoestima, a crítica interna e a autoavaliação são essenciais nesse processo.

O poder dos nossos pensamentos

Os bons pensamentos produzem bons frutos, os maus pensamentos produzem maus frutos e o homem é seu próprio jardineiro."
James Allen

Tudo que acontece em nossas vidas é uma questão de causa e efeito. Saúde é resultado, vencer é resultado, sucesso é resultado. Para mudar nosso mundo exterior, temos que mudar nosso mundo interior. É como plantar e colher. Você colhe o que planta!

As coisas que vibram na mesma frequência se atraem, e as que não vibram com a mesma frequência se repelem. Duas gotas de água vibram na mesma frequência, se atraem e se absorvem, enquanto uma gota de água e uma de óleo têm vibrações diferentes e se repelem. Essa é a razão pela qual atraímos as coisas em que nos concentramos e às quais direcionamos energia. Você atrai aquilo em que pensa!

Você atrai para sua vida pessoas e coisas que se harmonizam com você, seus pensamentos, suas emoções, sua energia. Quanto mais você pensar sobre as coisas que quer conquistar e quanto mais empolgado ficar para alcançá-las, mais vai atraí-las. É como um ímã, que atrai limalhas de ferro!

Pessoas positivas, bem-sucedidas e vencedoras têm uma atitude de expectativa positiva e esperam ter sucesso com antecedência.

Elas pensam grande e visualizam seus objetivos, suas metas. Quando você pensa grande sobre si mesmo e suas possibilidades, atrai as forças necessárias para transformar esses grandes pensamentos em experiências reais na vida. Tudo que você tem de fazer é encarar cada situação com confiança e otimismo, esperando aprender, crescer, progredir e se mover de forma contínua, com fé, com desejo em direção às suas metas.

Com essa atitude, você também vai se tornar uma pessoa mais feliz e otimista, e outras pessoas com a mesma visão e energia vão querer estar perto de você e ajudá-lo. Você precisa projetar o futuro com antecedência e acreditar que pode atingir suas metas e conquistar os seus sonhos. A visualização do que você quer alcançar é um exercício muito poderoso!

Napoleon Hill, autor do best-seller *Quem pensa enriquece* (Editora Fundamento, 2009), com mais de 30 milhões de exemplares vendidos em todo o mundo, foi um grande estudioso do potencial humano e dos princípios do sucesso. Ele afirma que o desejo é o começo de todas as realizações. Para encontrar a chave do sucesso, é preciso desejar intensamente, planejar os meios e recursos para alcançar o que se deseja e agir com persistência, de tal forma que não se admita o fracasso.

Esse é o segredo pelo qual você pode realizar coisas maravilhosas em sua vida. Mudando suas atitudes mentais, é possível mudar os aspectos externos do mundo à sua volta. Quando você começar a pensar grande sobre seus sonhos e metas, vai controlar seus pensamentos e emoções e mudar suas crenças. Criará expectativas otimistas sobre si mesmo e produzirá mudanças positivas do mundo à sua volta, já que tudo que você cria em seu mundo externo começa com um pensamento.

Vencer a si próprio é a maior das vitórias.

Platão

Quanto maiores seus sonhos, maiores serão as metas que você vai alcançar. Todos os homens e mulheres de grandes realizações são sonhadores, todos os grandes realizadores permitem que suas mentes andem livremente e pensam em tudo que eles podem ser, saber e fazer.

Pensamentos positivos atraem coisas positivas. E vice-versa. Seus pensamentos podem atrair seus sonhos ou medos. Se passar seu tempo pensando em coisas que não deseja ou concentrado no que não quer, é nessa direção que sua vida se deslocará. Se pensar positiva e afirmativamente no que deseja, o universo irá conspirar a seu favor. Qualquer coisa que receba atenção florescerá. A escolha é sua!

A qualidade dos pensamentos e das emoções é que determinará a capacidade do homem de ser um agente modificador da sua história intrapsíquica e social. A tendência natural do ser humano é ser vítima de suas misérias psíquicas. No livro *Seja líder de si mesmo* (Editora Sextante, 2004), o Dr. Augusto Cury diz: "A última fronteira da ciência é descobrir quem somos. Ser ator principal no palco da vida não significa não falhar, não chorar, deixar de tropeçar, ter reações de insegurança ou, às vezes, atitudes tolas. Ser ator principal significa refazer caminhos, reconhecer erros e aprender a deixar de ser aprisionado pelos pensamentos e emoções doentias e fracas".

Se o fluxo vital da energia psíquica não for conduzido para a produção de pensamentos e experiências emocionais saudáveis e enriquecedoras, ele será conduzido inevitavelmente para experiências angustiantes, tensas, agressivas, autopunitivas.

Não se detenha em pensamentos negativos. Dê adeus a eles!

Uma maneira de agir como agente modificador de seus pensamentos é usar a arte da dúvida e da crítica. Devemos criticar as ideias fixas e pensamentos perturbadores e angustiantes. Criticar cada ideia perturbadora no momento em que ela se manifesta para que seja possível reeditar o filme do inconsciente. Nosso inconsciente é carregado de emoção. Temos que enviar palavras positivas, enriquecedoras e fortalecedoras para reprogramá-lo. Quando aprendermos a exercer o gerenciamento do EU, deixaremos de ser vítimas das mazelas da mente humana para nos tornarmos protagonistas de nossa história.

Em cada ser humano há um gigante adormecido. Quando o gigante acorda, milagres acontecem.

Frederick Faust

Quero apresentar uma fórmula extremamente importante, que fundamenta a teoria sobre como criamos nossa realidade e definimos nossas ações:

P => S => A = R

P = **Pensamentos** conduzem a sentimentos.
S = **Sentimentos** (ou emoções) conduzem a ações.
A = **Ações** conduzem a **resultados**.

Se os pensamentos conduzem a sentimentos, sentimentos conduzem a ações e ações conduzem a resultados, de onde vêm os nossos pensamentos? A resposta é: das nossas crenças, da nossa mente condicionada desde a infância e até do útero materno, daquilo que ouvimos e permanece em nosso subconsciente, governa nossa vida, define nossa forma de pensar e de agir, nossas decisões.

A razão é simples. Quando o inconsciente tem de optar entre o racional e as emoções profundamente enraizadas, as emoções quase sempre vencem. Então, o segredo é mudar a forma de pensar. U. S. Andersen (1917-1986), pensador norte-americano e autor de vários livros, disse: "A melhor maneira de melhorar o padrão de vida está em melhorar o padrão dos pensamentos".

Aprenda a dizer não para as emoções e pensamentos negativos. As pessoas de sucesso aprenderam a controlá-los e a superar crenças autodestrutivas. Elas descobriram seu propósito de vida e tiveram a coragem de definir objetivos e viver seus sonhos. Essas pessoas aprenderam a controlar suas vidas traçando um curso diretamente para o sucesso. Elas dominam o poder pessoal.

A arte é uma forma de transformar sentimentos e emoções em beleza. Inspiração em realidade. O poder pessoal é a forma de transformar sentimentos, emoções e crenças autodestrutivas em sucesso, ideias em resultados.

Anthony Robbins, autor do livro *Poder sem limites* (Best Seller, 2009), explica o poder do estado neurofisiológico em nosso comportamento. Você, com certeza, pode se lembrar de ocasiões em que se confundiu com certas coisas que, em geral, faz com facilidade. Vemos com frequência os melhores atletas em um dia ruim, em que não conseguem acertar uma bola na cesta ou no gol.

Os estados físicos, emocionais
e psicológicos que habilitam confiança,
amor, força interior, alegria e êxtase são
grandes mananciais de poder pessoal.

Por outro lado, há os estados paralisantes – causados por confusão, depressão, medo, ansiedade, tristeza, frustração – que nos deixam sem poder. Todos nós entramos e saímos de estados bons e ruins. Compreender os estados é um fator-chave para entender mudanças e conseguir excelência. Nosso comportamento é o resultado do estado em que estamos, diz o autor.

Sucesso é mais do que ganhar dinheiro, cumprir metas ou chegar ao topo. Tem a ver com tudo que você pode ser: um ótimo filho, um pai exemplar, um líder inspirador e mentor dos seus subordinados, um profissional competente em sua especialidade, uma pessoa gentil e prestativa e alguém que tem a iniciativa de tornar o mundo melhor. Ter sucesso é ir além dos objetivos pessoais e profissionais, é conquistar nosso propósito de vida!

As principais limitações pessoais

*Há quem passe pelo bosque e só veja
a lenha para a fogueira.*
Tolstói

Muitas pessoas são apenas uma fração daquilo que poderiam ser e realizar; parece que alguma coisa as amarra, as impede de progredir, de utilizar seu potencial. Não conseguem usar seu talento e habilidades, e não raramente vivem magoando e oprimindo as pessoas que as cercam.

Esse "peso extra" que os indivíduos carregam e que atrapalha suas vidas é fruto das próprias limitações pessoais, de comportamentos e atitudes, da forma de pensar e agir, que os impedem de atingir seu pleno potencial. Em outras palavras, **nossas limitações pessoais delimitam as fronteiras até onde poderemos ir**, independentemente de nossa habilidade e competência, **não importa quanto somos capazes e talentosos** em todas as áreas de nossa vida.

Em última instância, os comportamentos restritivos – conscientes ou inconscientes – nos detêm e determinam nosso nível de sucesso. As limitações pessoais estão, quase sempre, atreladas às tarefas que executamos. O cerne da questão é descobrir quais comportamentos é preciso mudar e como é possível mudá-los. Se você conseguir identificar e trabalhar seus comportamentos limitadores, irá provocar transformações significativas em todos os aspectos de sua vida.

> *Dominar os outros é força, dominar*
> *a si mesmo é o verdadeiro poder.*
> Oscar Wilde

O Dr. Flip Flippen, educador, consultor de carreiras e psicoterapeuta norte-americano e autor do livro *Pare de se sabotar e dê a volta por cima* (Sextante, 2007), dedicou mais de 30 anos a pesquisas sobre comportamentos que atrapalham a vida das pessoas e as impedem de alcançar seu melhor desempenho. Ele identificou 10 limitações pessoais que – isoladas ou combinadas com outras – causavam os maiores danos ao crescimento pessoal, aos relacionamentos e às carreiras, que foram denominadas as "10 Principais Limitações Fatais": 1) excessivamente confiante; 2) pouco autoconfiante; 3) o superprotetor; 4) o crítico exigente, implicante ou rude demais; 5) o pouco afável; 6) sem paixão, visão e pouca energia; 7) o excessivamente dominante; 8) o resistente a mudanças; 9) o agressivo ou raivoso; e 10) o de pouco autocontrole e impulsivo.

As limitações pessoais são características que prejudicam nosso desempenho. A verdade é que todos nós temos limitações. E temos mais de uma. Elas nos restringem, impedindo-nos de avançar, de evoluir, de crescer, de galgar novas posições na carreira. O segredo é identificar as limitações que têm mais impacto em sua vida e eliminá-las através da mudança de comportamento.

Identificando as 10 principais limitações fatais

Excessivamente confiante: a autoconfiança é algo muito bom, e, quando devidamente equilibrada, é ótima. Porém, a confiança excessiva é altamente perigosa. É uma força que cega e pode ser fatal, pois impede a pessoa de avaliar a situação com objetividade e racionalidade. Um dos indicadores do grau dessa limitação é quando a pessoa deixa de ouvir os outros. Quando isso acontece, a única coisa que lhe resta é a sua própria voz. Normalmente, costumam apresentar uma personalidade dominante e agressiva.

Pouco autoconfiante: a pessoa pouco autoconfiante é indecisa e perde a oportunidade de ir em frente. Logo os resultados ruins aparecem, por falta de iniciativa, como consequência do baixo nível de autoconfiança. É frustrante saber que possui talentos e nunca terá a oportunidade de colocá-los em prática. As perdas dessa limitação são enormes: metas e objetivos que não são alcançados e vidas que não se realizam plenamente. Esvazie sua mente: jogue fora tudo de que você não precisa e que esteja atrapalhando a realização de seus sonhos. Não fique alimentando arrependimentos, medos, suposições, inseguranças e expectativas frustradas. Abra-se para o mundo! O segredo é tratar essas feridas emocionais e esvaziar sua mente, rejeitar as crenças negativas e incorporar as positivas, que são tão fortalecedoras, e expressar o que pensa.

O superprotetor: ser uma pessoa atenciosa e generosa não a torna superprotetora. Porém, em um nível extremo, isso se torna um problema, pois impede o crescimento da outra pessoa e, sem querer, nós a prejudicamos. A pessoa superprotetora não consegue entrar em conflito com os outros quando há algo errado. Não raro tem dificuldade de impor limites, seja no trabalho, com os colegas, ou em casa, com os filhos. Seu comportamento bondoso e atencioso vai além do saudável.

Ser gentil é uma coisa, ser incapaz de traçar limites é outra.

O pior é quando um superprotetor protege seus funcionários à custa de sua própria responsabilidade e dos objetivos da empresa. O melhor é ajudar os demais a crescer, incentivá-los, desafiá-los e, se necessário, repreendê-los para que superem suas próprias limitações e possam desenvolver suas habilidades.

O crítico exigente, implicante ou rude demais: há pessoas que acreditam que a função delas é apontar todas as falhas ou defeitos de um trabalho ou de um projeto. Acham que não há nenhuma virtude ou competência no trabalho dos outros, apenas defeitos, e se tornam críticas de maneira exagerada e criam uma atmosfera de medo. Estão sempre na defensiva e não aceitam nenhuma justificativa. Para piorar, não sabem ou não querem ouvir ideias importantes que poderiam ser úteis na solução dos problemas.

Com essa postura, a autoconfiança da equipe fica baixa, ela deixa de contribuir com ideias, o clima é de medo e ansiedade e as pessoas acabam se afastando. Os críticos demais costumam terminar sozinhos.

O pouco afável: há pessoas que pensam que a única forma de manter o respeito e o controle é por meio da força. Não chegam a ser tão críticas ou rudes quanto as que possuem a limitação do item anterior, porém não tornam o ambiente muito agradável. Normalmente são pessoas competentes, dedicadas, com prestígio, mas têm dificuldades nos relacionamentos. Falta-lhes um vínculo de união. Não interagem muito bem e geralmente não se preocupam com os sentimentos ou bem-estar dos demais. Costumam se preocupar com os negócios, mas não com as pessoas.

Sem paixão, visão e pouca energia: paixão, motivação, determinação e desejo de sucesso são características desenvolvidas nas primeiras etapas da vida de uma pessoa.

É possível ensinar crianças a
desenvolver a chama da paixão
e a garra que as levarão a superar
problemas e ter sucesso na vida.

Mas é difícil introduzir paixão e determinação na vida de uma pessoa adulta, o que a leva à falta de comprometimento, à complacência e à procrastinação. Às vezes é preciso um acontecimento muito sério para que a pessoa tome um choque de realidade e perceba a necessidade de fazer uma mudança drástica em sua vida. Identifique algumas tarefas e atividades que o entusiasmem e peça *feedback* sobre sua performance – e torne-a cada vez melhor. Você quer saber que atitude as pessoas respeitam de verdade e procuram? Aquela que demonstra paixão. Um dos segredos do sucesso é fazer de sua vocação a sua distração.

O excessivamente dominante: pessoas excessivamente dominantes acham que têm a resposta e a palavra final para tudo. Indivíduos com essas características discutem com todos e atropelam aqueles que não estão dispostos a ceder. Com frequência são pessoas que demonstram arrogância e autobajulação e são carentes de modéstia. Como são arrogantes, costumam concluir a frase de uma pessoa ou interrompê-la para corrigi-la. A marca do bom líder é o domínio da equipe com equilíbrio e sensatez. Um fator importante para as pessoas com esse padrão de comportamento é que podem mudar com algumas ações práticas e fáceis de serem assimiladas.

O resistente a mudanças: as coisas mudam. Os empregos mudam. Os negócios mudam. As empresas mudam. O mundo muda. Tudo na vida muda, e nós precisamos nos adaptar. No entanto, algumas pessoas – consciente ou inconscientemente – preferem nem pensar em mudanças e, num estágio mais crítico, isso se torna uma obsessão, pois se irritam com a simples alteração do horário de uma reunião ou do lugar de um objeto qualquer em sua mesa. Preferem permanecer com suas rotinas, ficar em sua zona de conforto. Os motivos pelos quais as pessoas são resistentes a mudanças são o receio do desconhecido, o medo de fracassar, o interesse em manter a situação atual e a ansiedade em relação ao aprendizado de coisas novas.

Aceitar as mudanças facilita a vida das pessoas. Elas ficam predispostas a aceitar o novo com naturalidade, mantêm a mente aberta e facilitam o aprendizado. No documento interno do Grupo Nestlé, denominado "Uma Visão para o Futuro", publicado pela primeira vez em 1997, há uma frase muito interessante e que orientou a segunda metade da minha carreira: "Abra a sua mente, abrace as mudanças como uma oportunidade". Foi com essa mentalidade que me tornei um dos principais executivos da Nestlé do Brasil na década passada. A mudança é sempre o objetivo do aprendizado. Não dá para crescer sem mudar.

O agressivo ou raivoso: as pessoas agressivas são como um vulcão, explodem a qualquer momento. Elas fervem por dentro e têm ataques de fúria seguidos de uma explosão que afeta várias pessoas. Entram em ebulição, gritam e são vítimas de uma fúria incontrolável. Os vulcões são voláteis: explodem sem dar muitos sinais de alerta, explica o Dr. Flippen.

Essa característica é igualmente devastadora nos relacionamentos pessoais. Se você tiver essa limitação e não mudar sua maneira de agir, é só uma questão de tempo para que alguma erupção enterre todos os seus sonhos e planos. O segredo de todos os grandes vencedores está em sua capacidade de atingir e manter o equilíbrio.

O de pouco autocontrole e impulsivo: o que mais afeta as pessoas com essa limitação é a forma impulsiva de tomar decisões. E elas são notadamente prejudiciais quando envolvem decisões financeiras, pois frequentemente não há como voltar atrás. Indivíduos assim se movem muito depressa e, de um modo geral, todas as decisões tomadas por falta de autocontrole ou por impulso estão sujeitas a erros primários, principalmente devido à falta de análise. A ausência de autocontrole pode estar aliada à falta de disciplina, e pode ter um impacto tremendo no processo decisório e na maneira como lidamos com as finanças. As decisões impulsivas podem envolver gastos que arruínam profissões, relacionamentos e até podem levar uma empresa ou um negócio à falência.

Para corrigir essa limitação, é preciso aprender a dizer não a si próprio e passar a tomar as decisões com calma, não de forma intempestiva. Um indicador para saber se você está tomando uma decisão precipitada é observar se os outros estão oferecendo resistência às suas ideias. Disponha-se a aceitar as opiniões sinceras dos colegas. Praticar o autocontrole não é fácil, mas é sábio!

As pessoas com essa limitação pessoal tendem a ter dificuldades para controlar suas finanças pessoais. Geralmente acreditam que o sucesso só pode gerar mais sucesso; mas a verdade é que o sucesso pode levar à autocomplacência, à arrogância, à falta de empenho e a afastar a vigilância e o controle. Foi assim que muitos magnatas, empresas, pessoas bem-sucedidas profissionalmente e até alguns ganhadores sortudos da Mega-Sena perderam fortunas ou um lugar de destaque no mundo dos negócios.

Certa noite, minha esposa, Isabel, chegou em casa com vários pacotes. Tinha ido ao shopping depois do trabalho e comprou algumas coisas. Logo após entrar em casa, recebeu um telefonema da administradora do seu cartão de crédito com o objetivo de checar se era ela mesma que havia utilizado o cartão várias vezes naquela noite. A resposta dela foi: "Sim, fui eu mesma! Mas posso cancelar, moço... estou tão arrependida!". No entanto, já era tarde demais.

A superação das limitações pessoais

A única verdadeira limitação é aquela que você aceita e define em sua própria mente.
Napoleon Hill

Se você conseguir identificar e trabalhar seus comportamentos limitadores, irá provocar transformações significativas em todos os aspectos de sua vida. Com menos limitações, desempenhará melhor suas tarefas e atividades, aprimorará seus relacionamentos e se tornará uma pessoa melhor.

Uma dica: observe seus comportamentos, pergunte a você mesmo como poderia ter atuado de forma diferente ou como poderia ter feito algo melhor. Tome nota e estabeleça pequenos passos de mudança até incorporar novos e mais saudáveis comportamentos. Mude um comportamento de cada vez. Em pouco tempo as pessoas vão notar a mudança e elogiar sua atitude.

Ter problemas na vida é inevitável, ser derrotado por eles é opção.
Roger Crawford

Em alguns casos ou profissões, uma determinada limitação pode ser uma vantagem. Um engenheiro muito crítico pode ser necessário para encontrar falhas de um projeto que poderiam ser onerosas no futuro; uma empresa que precisa fazer um *turnaround* (mudança no rumo dos negócios) pode precisar de um executivo com muita autoconfiança e capacidade para assumir certos riscos.

O fundamental é desenvolver suas habilidades e competências e superar fraquezas comportamentais e hábitos indesejáveis. Promover o crescimento pessoal e profissional significa dar atenção a tudo na vida que impede que se atinja seu pleno potencial.

As armadilhas da mente humana

Mesmo em dias de sol, há os obstinados que teimam em ver apenas as próprias sombras.
Arthur Helps

Pensamentos positivos e palavras encorajadoras, como superação e paixão, que nutrem sua força intelectual e afirmam sua autoestima, irão fortalecer sua confiança e estimulá-lo a realizar seus sonhos. No entanto, devemos lutar com todas as nossas armas, todos os dias, contra as armadilhas mentais e, principalmente, contra a autossabotagem, a maneira mais comum de enterrar sonhos e metas. Para alcançar o sucesso, você precisa eliminar essa armadilha mental, descartar as crenças falsas que sempre o afastaram de suas aspirações. Não permita que elas o façam perder as forças, quando o que você realmente precisa é acreditar em si mesmo e em seus sonhos.

Os obstáculos e limites que estabelecemos ou nos impomos devem ser refutados veementemente com ação e crenças certas. Cada problema é também uma oportunidade. Sua confiança o ajudará a tomar decisões e a seguir em frente. A disciplina o manterá firme em seu rumo, na direção dos seus objetivos.

O Dr. Augusto Cury, no livro *O código da inteligência* (Thomas Nelson Brasil/Ediouro, 2008), identificou quatro das principais armadilhas da mente humana que considero importante abordar aqui, pois são ameaças internas que limitam ou criam barreiras para o seu desenvolvimento e sucesso pessoal e profissional: o conformismo, o coitadismo, o medo de reconhecer os erros e o medo de correr riscos.

O autor descreve várias armadilhas mentais que são construídas clandestinamente ao longo do processo de formação da personalidade humana, que impedem o desenvolvimento da excelência psíquica, afetiva, social e profissional do indivíduo. Em sua obra, o Dr. Cury diz que somos vítimas e vilões da sociedade e de nós mesmos. Lucidez para reconhecer essas armadilhas e humildade para assumi-las são fundamentais para superá-las, ensina.

O conformismo é a arte de se acomodar. De não reagir e aceitar passivamente as dificuldades psíquicas, os eventos sociais e as barreiras físicas. O conformista não assume o papel de agente transformador do mundo. O conformismo amordaça o eu, impedindo-o de lutar por seus ideais. O conformista é inerte e mentalmente preguiçoso, pelo menos na área em que se considera incapaz, inábil. Não exerce suas escolhas pelo medo de assumir riscos. Não expande seu espaço por medo da crítica. Prefere ser vítima a agente modificador de sua história.

O conformismo é carcereiro da liberdade e inimigo do crescimento.
John Kennedy

O coitadismo é a arte de ter compaixão de si mesmo. É o conformismo potencializado, presente em pessoas com notável potencial, mas que o jogam no lixo. Incorporam o papel dramático e autopunitivo, são programadas para serem fracassadas. Fazem marketing de suas próprias crenças irreais, impotências, limitações. Não têm vergonha de dizer: sou um derrotado, nada que faço dá certo, não tenho solução, ninguém gosta de mim.

O medo de reconhecer os erros é, acima de tudo, o medo de se assumir como ser humano e suas imperfeições, defeitos, fragilidades, estupidez. Por vivermos em uma sociedade que valoriza os super-heróis, negamos consciente ou inconscientemente nossa humanidade. Temos medo de assumir o que realmente somos: seres humanos, mortais, falíveis. O medo da crítica, do vexame, da rejeição, do pensamento alheio, tem feito mentes brilhantes se apagarem.

O medo de correr riscos bloqueia a inventividade, a liberdade, a ousadia. Inúmeras pessoas travam sua inteligência e enterram seus projetos de vida pelo medo de correr riscos. Almejam atingir seus objetivos, mas não ousam. Procuram transformar seus sonhos em realidade, mas se inquietam com os riscos da jornada. É necessário superar o medo de ousar. De apostar em novos projetos, de batalhar por aquilo em que se acredita. O desconhecido e o medo de não chegar a lugar nenhum os paralisam. Precisam superar o medo de errar.

Muitas vezes é necessário apagar lembranças que nos atormentam, jogar fora o que nos aprisiona, abandonar o que nos faz mal, libertar-se das coisas que nos impedem de evoluir, de crescer. Outras vezes é preciso perdoar, pois o perdão liberta, lava a alma. Perdoando, você se liberta, pois o rancor, a ira e a raiva enfraquecem nosso sistema imunológico e prejudicam nosso corpo. Enquanto sua mente estiver presa ao passado, você não conseguirá viver plenamente o presente. Abandonar o passado é renascer!

> *Não deixe que morra o sol sem que tenham morrido seus rancores.*
> Bernardo Stamateas

Ouse, arrisque, não desista, acredite em você!

Pessoas vencedoras não são aquelas que nunca falham, são aquelas que nunca desistem.

Construa sua história. Aproveite cada minuto para se tornar um vencedor, porque o tempo não volta. O que volta é a vontade de voltar no tempo.

Neste mundo, na busca do sucesso no trabalho, na carreira ou na vida pessoal, algumas pessoas vão atirar pedras em você. Cabe a você decidir se irá usá-las para construir muros ou pontes. É uma questão de escolha e de atitude!

Não importa onde você parou, em que momento você cansou. O que importa é que sempre é possível e necessário recomeçar. Recomeçar é dar uma chance a si mesmo. É acreditar em você, em seu potencial, é renovar as esperanças. O caminho pode ser longo e difícil, mas sua vontade de vencer, de se superar, de alcançar o sucesso deve ser maior que todos os obstáculos. A única coisa que existe entre você e seu sonho são seus próprios medos.

Quando alimentamos mais nossa coragem do que nossos medos, passamos a derrubar muros e a construir pontes. Napoleon Hill, autor do livro *Pense e enriqueça* (Editora Fundamento, 2009), disse que "a sua única verdadeira limitação é aquela que você aceita e define em sua própria mente". **Somos aquilo que pensamos e acreditamos.**

Jogue fora as perturbações e os pensamentos negativos. Dê a si mesmo uma chance de esvaziar seu fardo, parte dele criado em sua própria mente. Esvazie sua mente de crenças e pensamentos negativos e incorpore novos conceitos, conhecimentos e aprendizados positivos e de mais valor. Você merece! Acredite no seu potencial. Faça isso todos os dias e se tornará um hábito que mudará sua vida. É no exercício de superação que transformamos dificuldades em realizações, adversidades em resultados, e nos tornamos pessoas melhores.

No discurso de posse de Nelson Mandela como presidente da África do Sul, em 1994, o líder político afirmou que nosso maior medo não é o de sermos inadequados, e sim de sermos poderosos além do que podemos imaginar. Veja este trecho do discurso:

> Nosso maior medo não é o de sermos inadequados.
> Nosso maior medo é que nós somos poderosos além do que podemos imaginar.
> É nossa luz, não nossa escuridão, que mais nos assusta.
> Nós nos perguntamos: quem sou eu para ser brilhante, lindo, talentoso, fabuloso?
> Na verdade, quem é você para não ser? Você é um filho de Deus.
> Você, pensando pequeno, não ajuda o mundo.
> Não há nenhuma bondade em você se diminuir, recuar para que outros não se sintam inseguros ao seu redor.
> Todos nós fomos feitos para brilhar, como crianças brilham.
> Nós nascemos para manifestar a glória de Deus dentro de nós.
> Não é somente em alguns de nós; é em todos.
> E enquanto nós permitimos que nossa própria luz brilhe, nós inconscientemente damos permissão a outros para fazer o mesmo.
> Enquanto nós nos libertamos do nosso próprio medo, nossa presença automaticamente liberta outros.

A palavra-chave deste capítulo é **despertar**. Quando despertamos, o pensamento e as crenças perdem a ascendência sobre nós, produzindo uma mudança em nossa consciência. Despertar o potencial que existe dentro de você é decifrar o Código do Eu Interior e liberar seu potencial ao máximo.

PLANO DE AÇÃO

Reserve uma ou duas horas e pense em dez iniciativas que você deve colocar em prática nos próximos dez meses para mudar os hábitos, comportamentos indesejáveis ou as limitações pessoais que possam estar impedindo seu crescimento pessoal e profissional. É um exercício de autoconsciência, de autocrítica. Se necessário, conte com o apoio de um profissional para ajudá-lo no processo, como um *coach* executivo e de carreira ou de qualidade de vida.

Se você julgar conveniente, releia a lista dos dez hábitos e comportamentos indesejáveis e as dez principais limitações pessoais indicadas anteriormente. Mas não se limite a elas. Use-as apenas como indicações. Coloque em prática as ações que você escolher, uma de cada vez, passo a passo, por quatro semanas. Depois, passe à iniciativa seguinte. Durante o processo, você pode ter alguma dificuldade ou recaída. Mas não desista. Continue firme, seja persistente. No fim do processo, você vai se surpreender e se orgulhar de suas próprias conquistas. Boa sorte!

Vale compartilhar as ações que você escolher com sua família e seus amigos. Com certeza eles vão apoiar você e ser solidários com seu esforço e determinação.

Escreva a lápis, para que seja possível uma correção no texto, ou use uma folha em branco pautada.

1. _____
   _____

2. _____
   _____
3. _____
   _____
4. _____
   _____
5. _____
   _____
6. _____
   _____
7. _____
   _____
8. _____
   _____
9. _____
   _____
10. _____
    _____

C.A.P.Í.T.U.L.O. 6

Union (União)

RELACIONAMENTOS VALIOSOS LEVAM AO SUCESSO E À REALIZAÇÃO

No verão de 2012 fiz um passeio de barco com um grupo de amigos em Paraty, no litoral do Rio de Janeiro. Era um fim de semana do circuito de arte contemporânea na cidade. Havia cerca de 150 pessoas no barco, a maioria formada por turistas que visitavam a cidade para o evento cultural e aproveitavam para conhecer e desfrutar a beleza das ilhas de Paraty. Segundo uma pessoa da equipe de bordo, o barco suportava um pouco mais de duzentas pessoas. Saímos da marina de Paraty pela manhã e fomos em direção às ilhas previstas no roteiro.

Em cada ilha que atracava, a embarcação era presa a uma rocha com uma corda um pouco menos grossa do que um braço de uma pessoa adulta. Uma pessoa da tripulação pegava um bote inflável e se dirigia com a corda até um ponto fixo – geralmente uma rocha ou uma pedra grande, em que a corda era amarrada. A embarcação permanecia parada por cerca de trinta minutos, tempo que os turistas aproveitavam para nadar ou ir de bote até a ilha, onde faziam pequenas caminhadas ou simplesmente relaxavam. Durante esse período, a embarcação balançava constantemente devido ao movimento das ondas do mar, mas permanecia presa à rocha pela corda.

Depois os turistas retornavam à embarcação, que seguia o itinerário traçado. Durante uma de nossas paradas, um barco um pouco menor precisou ser puxado de uma ilha para outra, cerca de dois quilômetros adiante. A mesma corda que era usada para amarrar nossa embarcação em suas paradas nas ilhas foi utilizada para prender o barco, que foi cuidadosamente puxado.

Um fio de barbante é frágil e pode ser facilmente rompido por um pequeno impacto, partindo-o ao meio. Mas vários fios de barbante entrelaçados podem se transformar em um cordão resistente e muito difícil de ser rompido. Com dezenas ou talvez centenas de cordões, uma corda super-resistente pode ser construída, capaz de segurar um barco atracado em uma marina ou em uma ilha e resistir ao balanço das ondas e até para prestar socorro a outro barco e levá-lo a um destino mais seguro.

Esse é o conceito de união. Unir é somar as forças. Um fio de barbante é frágil, mas dezenas de fios podem se transformar numa corda capaz de resistir à força da água e dos ventos e manter segura uma embarcação atracada em uma ilha. Tanto na vida pessoal e profissional quanto nas organizações, a habilidade de estabelecer parcerias vencedoras, estreitar relacionamentos e saber trabalhar em equipe são ingredientes essenciais da fórmula do sucesso e uma questão vital para seu crescimento e para seu sucesso profissional. A união é o sexto pilar da metodologia *ATTITUDE – A chave para o sucesso*.

> *Você pode fazer o que eu não posso.*
> *Eu posso fazer o que você não pode.*
> *Juntos, podemos fazer coisas grandiosas.*
> Madre Teresa de Calcutá

Saber trabalhar em equipe, com pessoas que complementem nossas forças pessoais e profissionais, não importa em que tipo de empresa, empreendimento, ou em uma organização sem fins lucrativos, em qualquer atividade, é **um dos fatores-chave do sucesso profissional**. A união faz a força! Quando o indivíduo e a equipe trabalham em direções diferentes, surgem os conflitos internos, e a produtividade e os resultados são afetados, com perda de recursos e de tempo – nosso precioso tempo!

Pergunte a empreendedores, executivos, professores, vendedores, comerciantes ou a líderes de associações de classe e eles dirão que a habilidade nos relacionamentos é a característica que separa o sucesso do fracasso. A arte de construir relacionamentos é uma habilidade de valor incalculável.

A importância de estabelecer relacionamentos e parcerias

Se você quer ir mais rápido, vá sozinho.
Se quiser ir mais longe, vá com alguém.

Anônimo

A capacidade de estabelecer contatos, parcerias e relacionamentos que promovam o crescimento pessoal e profissional é um diferencial na vida das pessoas. Jovens que estão ingressando no mercado de trabalho precisam de gestores, mentores e chefes que possam desafiá-los, mas também orientá-los, ajudá-los a construir uma trajetória de sucesso, torná-los vencedores. Os executivos bem-sucedidos contam com especialistas em seu ramo de atuação, com conhecimento e habilidades complementares para contribuir no processo de criação de valor para os negócios e para suas próprias carreiras. Profissionais e executivos de alta performance contam com equipes vencedoras para alcançar resultados extraordinários.

Ser parceiro significa que você não precisa ou não escolhe fazer tudo sozinho. Entende que depende do colega para obter os melhores resultados. Ser parceiro é estar comprometido com a satisfação das necessidades do outro. É ter espírito de colaboração, comprometimento e saber trabalhar em equipe.

Jeffrey Gitomer, em *O livro negro do networking* (M. Books Editora, 2008), diz que há três atributos na arte de estabelecer contatos: é uma questão de ser amigável, de ter capacidade de se entrosar e de estar disposto a dar algo de valor primeiro. Quando combinar esses três atributos, você terá descoberto o segredo que há por trás dos poderosos contatos que resultam em valiosos relacionamentos e poderá comprovar a força da união.

Em seu livro, Gitomer trata de contatos e de como fazê-los para que se tornem uma ferramenta de sucesso. Ensina como desenvolver relacionamentos mais fortes com clientes, chefes, colegas, amigos e familiares, como conquistar o respeito de um mentor e como maximizar seus contatos para que eles tenham a ganhar com você e, mais importante, como ter a ganhar com eles.

Segundo Gitomer, as perguntas que você faz, as ideias que propõe e suas técnicas de comunicação, combinadas com sua paixão, sua crença e sua atitude, são os fundamentos necessários para fazer contatos.

Numa época em que cresce a importância da sustentabilidade e o respeito à diversidade, cresce também a importância dos ativos intangíveis pessoais e das organizações, como boa reputação, inovação, talento, marca pessoal e relacionamento. Saber lidar com pessoas de diferentes culturas e valores, manter atitude colaborativa com colegas e parceiros, respeitando as diferenças, é fazer a diferença!

Para construir relacionamentos interpessoais saudáveis, adote a tolerância e a serenidade, exercite a paciência e crie situações harmoniosas, em vez da arrogância, da exigência e da crítica exacerbada. Ter habilidade social é um fator determinante para ser bem-sucedido. Desenvolva a habilidade de ouvir. Cultivar relacionamentos harmoniosos requer ouvir com empatia. Daniel Goleman, autor de *Inteligência emocional* (Objetiva, 1995), disse: "Todo relacionamento, raiz do envolvimento, vem da sintonia emocional, da capacidade de empatia". A arte dos relacionamentos é, em grande parte, a aptidão de lidar com as emoções.

O ex-presidente norte-americano Theodore Roosevelt disse uma vez: "O ingrediente mais importante na fórmula do sucesso é saber se entender com as pessoas". Tenha sempre um modelo em que possa se espelhar ou pessoas que você admira e em quem possa se inspirar. Observe as pessoas bem-sucedidas em todas as atividades. Os CEOs (diretores-presidentes) mais bem-sucedidos das empresas mais vencedoras. Os empreendedores mais visionários. Os líderes mundiais mais reconhecidos. Mahatma Gandhi conseguiu, em 1947, a independência da Índia, até então uma colônia britânica, sem disparar um único tiro. Sua principal arma foi o próprio poder pessoal, sua visão e sua capacidade de unir os hindus e muçulmanos, até então religiões predominantes na Índia, à sua causa.

As pessoas são solitárias porque constroem paredes em vez de pontes.
Joseph Newton

Tenha um mentor, um *coach* pessoal e de carreira, uma pessoa de sua confiança que possa servir de inspiração ou como orientador em determinadas situações, para que você possa consultá-lo antes de tomar uma decisão importante. Seja você mesmo, respeite seus valores, corra atrás dos seus sonhos, acredite em sua intuição, e você sabe que não precisa fazer tudo sozinho para alcançar resultados positivos e ter sucesso.

A maioria das pessoas de sucesso consegue mesclar dons intelectuais e habilidades com a força pessoal de tal modo que a capacidade de se relacionar com os outros as leva ao topo. A capacidade de se conectar e maximizar os relacionamentos e usá-los é um dos segredos da chave do sucesso. **Mas lembre-se: é preciso trabalhar com afinco.** Não existe fórmula de sucesso sem trabalho árduo.

Cooperação, honestidade, integridade, confiança e humildade são valores para construir relacionamentos e parcerias vencedoras. É preciso ser capaz de ouvir a opinião da outra parte e saber que existe um valor para ambos, a menos, é claro, que se faça alguma coisa apenas pelo dinheiro. Construir parcerias e relacionamentos pode fazer a diferença para atingir os seus objetivos.

Uma habilidade vital: a comunicação

A comunicação é uma habilidade básica e vital para o ser humano em todas as esferas da vida: familiar, social e profissional. É o processo que permite ao ser humano estabelecer contatos, expressar suas ideias, sentimentos e desejos, tomar decisões, resolver problemas, aprender e compartilhar conhecimento. É um processo dinâmico e contínuo, de grande influência nos relacionamentos interpessoais.

Para que a comunicação cumpra seu papel e dê bons resultados é preciso desenvolver essa competência, e, quando isso acontece, aumenta sua autoconfiança e seu poder pessoal. Quanto mais desenvolvida for sua habilidade de se comunicar, maior será seu poder de gerar ação. A fisiologia, o tom de voz e as palavras são os principais ingredientes de uma boa comunicação verbal.

A falta de habilidade, **o ruído ou a falta de clareza na comunicação são alguns dos grandes problemas do ser humano e das organizações.** Informações mal transmitidas, conversações mal resolvidas, palavras mal ditas e orientações malfeitas geram ineficiências, retrabalhos, desconfortos e perda de tempo. Quando a comunicação não produz resultados satisfatórios, há desperdício de energia, e a produtividade é afetada. O mesmo acontece em nossa vida familiar e social.

Um dos segredos do bom comunicador é estabelecer o *rapport,* que significa estar em sintonia com alguém. É entrar no mundo da outra pessoa e estabelecer com ela uma comunicação plena, uma perfeita conexão. Em *Comunicação global, a mágica da influência* (Objetiva, 1993), o Dr. Lair

Ribeiro ensina que a comunicação é como uma dança: tem que estar em sintonia.

Outro segredo da comunicação eficaz é saber ouvir com empatia, que é uma aptidão social-chave no processo de comunicação. É estar disponível para o que o outro tem a dizer, respeitar suas ideias com consciência e compreensão, ainda que pense de modo diferente. Ouvir com consciência acontece quando nos conectamos com a fala do outro, com sua presença.

Os indivíduos com habilidade de comunicação conseguem expor ideias com mais facilidade, tendem a ser mais persuasivos e podem ser bons articuladores e negociadores. Quando aliam a comunicação à capacidade de análise e síntese, traduzem conceitos de maneira simples, objetiva e com assertividade.

A importância de um mentor

*O conhecimento instrui.
A sabedoria transforma.*
Walter Riso

Uma pessoa bem-sucedida vive em constante aprendizagem, e quanto mais eficaz o modo como adquire novos conhecimentos e desenvolve suas competências, mais próxima fica dos seus objetivos e de suas metas. Um mentor é alguém que pode ajudar, orientar, dar um *feedback* de forma objetiva, transparente e orientativa.

O papel do mentor para desenvolver planos de carreira e melhorar o desempenho é fundamental. Ele sempre vai transmitir segurança, conhecimento e sabedoria para ajudá-lo na concretização de seus objetivos. O mentor é capaz de ajudá-lo a melhorar seu desempenho, mudar seu comportamento e impulsionar sua carreira ou, simplesmente, ser aquela pessoa de confiança que irá ouvi-lo, orientá-lo e poderá compartilhar visões sobre família, estudo e trabalho.

Na prática, podemos ter vários mentores, um em cada estágio da carreira, em cada projeto importante, em cada função ou posição. Os mentores estão em toda parte. Pode ser seu chefe, um colega, um ex-gestor, um gerente de outra área ou algum membro da família. Jach Welch, ex-presidente mundial da GE, revelou que teve dezenas de mentores informais durante sua carreira, e que cada um lhe ensinou algo importante.

Mesmo que você tenha um mentor formal designado por um programa de treinamento dentro da empresa, pode contar com a ajuda de vários outros mentores de maneira informal e ocasional. Um mentor o orienta com espontaneidade e otimismo. Aproveite todos os seus ensinamentos. Os mentores são importantes para acelerar sua aprendizagem e sua trajetória na busca da chave para o sucesso.

Durante minha carreira de 34 anos na Nestlé Brasil, na qual ingressei aos 18 anos como auxiliar de escritório na fábrica de leite em pó de Ituiutaba, no Triângulo Mineiro, tive a oportunidade de ter muitos mentores, todos de maneira informal, mas que tiveram um papel importante em cada etapa da minha carreira. Alguns eram meus próprios chefes; outros, colegas, gerentes ou diretores das áreas de negócios ou diretores corporativos. Direta ou indiretamente, me ajudaram em minha trajetória de sucesso, com orientações importantes e ao mesmo tempo desafiando-me para que eu pudesse, de forma contínua e consistente, superar cada desafio e alavancar minha carreira.

Mentor não é aquele que dá tapinhas nas suas costas ou está ali para impressioná-lo. **O mentor irá valorizá-lo, mas também desafiá-lo,** suficientemente para que o impulsione, o motive e o faça avançar. É aquele que vai incomodar seu comodismo, fará com que você não limite o seu progresso às conquistas do passado, fará você entender que onde está hoje é o ponto de partida, não seu destino final.

Para que o trabalho de mentoria seja realmente eficaz, algumas competências são essenciais: saber ouvir, dar e receber *feedback*, confiança e humildade. Humildade não é ser educado e também não significa ser pobre. Humildade é ter atitude de aprendizagem, saber respeitar um ponto de vista diferente, é aprender com seus mentores.

O papel do coach

Conhece-te, aceita-te, supera-te.
Santo Agostinho

O *coaching* é uma ferramenta poderosa para a transformação pessoal e para alcançar resultados positivos tanto na vida pessoal quanto na profissional. Para os gestores, líderes e futuros líderes, um *coach* (profissional especializado para a prática do *coaching*), com formação em *life coaching* (*coaching* sobre qualidade de vida), *coaching* executivo ou *coaching* de carreira, pode ser um importante parceiro. As pessoas precisam de diferentes tipos de mestres, mentores, orientadores ou de um *coach* para desenvolver competências, provocar mudanças de comportamento, alavancar a carreira e atingir metas pessoais e profissionais.

Apesar de estar muito presente nas organizações, o *coaching* também é amplamente utilizado para melhorar a vida familiar e os relacionamentos, para planejamento financeiro, mudança de comportamento e melhoria de performance. O processo de *coaching* promove a investigação sobre as limitações do indivíduo e seu verdadeiro potencial. É um processo de autoconhecimento, de transformação, de despertar o potencial existente em cada indivíduo para uma vida melhor e com mais resultados positivos.

Em um mundo em processo contínuo de transformação, evoluir constantemente é o que todo mundo precisa para ter sucesso. Contar com um mentor ou um *coach*, pedir *feedback*, compartilhar ideias e respeitar pensamentos divergentes, mesmo nem sempre concordando com eles, são maneiras simples e inteligentes de crescimento pessoal e profissional.

Evoluir é uma questão de atitude,
e atitude é uma questão de escolha!

A implantação de uma cultura de *coaching* dentro das organizações é uma forma de disseminar a cultura, os valores, as estratégias de negócio, de promover a mudança de comportamento, aumentar a produtividade e gerar resultados sustentáveis.

A palavra-chave deste capítulo é **relacionamento**. Saber construir relacionamentos e parcerias estratégicas é um dos fatores-chave para encontrar a chave para o sucesso.

PLANO DE AÇÃO

Reserve alguns minutos e escreva dez iniciativas que você deve colocar em prática nos próximos três meses para estreitar seu relacionamento ou desenvolver sua habilidade de trabalhar em equipe. Lembre-se de que a capacidade de estabelecer contatos e relacionamentos que promovam seu desenvolvimento pessoal e profissional é um diferencial na vida das pessoas.

Podem ser iniciativas simples, como convidar um amigo, colega ou parceiro para almoçar, para um churrasco, participar de datas comemorativas ou festivas, enviar uma mensagem ou ligar para um ex-colega de escola ou manter contatos pelas redes sociais. O objetivo é reforçar o seu relacionamento, melhorar o seu *networking*. Escolha também um mentor de sua confiança para orientá-lo em sua carreira ou simplesmente para compartilhar ideias sobre trabalho e família.

Escreva a lápis; desse modo você pode fazer uma correção no texto ou incluir outro item.

1. _____
_____
2. _____
_____
3. _____
_____
4. _____

5. _____
_____
6. _____
_____
7. _____
_____
8. _____
_____
9. _____
_____
10. _____
_____

C.A.P.Í.T.U.L.O. 7

Direction (Direção)

TODOS PRECISAM SABER PARA ONDE CAMINHAM

No livro *Alice no País das Maravilhas*, de Lewis Carrol, há um interessante diálogo entre Alice e o Gato de Chesire. Destaco um trecho:

– Gato de Chesire – começou Alice, timidamente –, poderia me dizer, por favor, que caminho eu deveria seguir para sair daqui?
– Isso vai depender muito de aonde você quer chegar – respondeu o Gato.
– Não me importa muito aonde... – disse Alice.
– Então não importa que caminho você tome – respondeu o Gato.
– ... desde que eu chegue a algum lugar – acrescentou Alice como uma explicação.
– Ah, disso você pode estar certa – disse o Gato. – Para isso, é só andar o bastante.

Essa é a dura realidade para quem não sabe para onde quer ir, ou aonde quer chegar: não importa o caminho a seguir, pois qualquer lugar serve.

Sem saber aonde a pessoa quer chegar é praticamente impossível planejar alguma coisa.

A vida é cheia de mudanças: de emprego, curso, profissão ou rumo, além de rupturas e recomeços. Quase tudo na vida pode ser planejado, mas é preciso responder no mínimo a esta pergunta poderosa: aonde você quer chegar? Quais são seus objetivos e metas? Qual é o seu propósito de vida? Sem respostas a essas perguntas, sua realização pessoal e profissional e sua carreira ficam dependendo de apenas dois fatores: sorte e acaso. Existem dois momentos importantes na vida de uma pessoa: quando ela nasce e quando descobre para que veio ao mundo. Estamos constantemente buscando o sentido da vida. O autoconhecimento é o ponto de partida e deve ser o começo de qualquer jornada. Aonde você quer chegar é aquele ponto distante no horizonte: são seus sonhos, seus objetivos, seu propósito de vida. É lá que serão construídos seus castelos de areia.

Esforço e coragem não são suficientes sem propósito e direção.

John Kennedy

Muitas pessoas são guiadas pelo destino, vivem descontentes, reclamando da vida, da empresa, do chefe e do trabalho. Vivem deprimidas e sempre à procura de um novo emprego, de um lugar ideal, onde o chefe seja atencioso, os colegas sejam legais, o clima seja descontraído e onde haja oportunidades. Outros já abriram mão da realização profissional e só pensam na sobrevivência. Acreditam que o problema não está neles, mas na empresa em que trabalham.

Segundo Arthur Bender, no livro *Personal Branding*, nessa seara de gente perdida há dois grupos de profissionais. O primeiro é o dos profissionais à deriva; o segundo, o dos profissionais que se sentem órfãos. Em ambas as situações, o que acontece é que o profissional fica sempre com medo, assume uma posição defensiva e de proteção à sua zona de conforto. E se esconde de tudo! Passa a ocupar uma posição de sobrevivente. Não tem iniciativa, não pensa mais, só reage aos fatos. Torna-se uma pessoa perdida, sem marca, sem valor.

Definindo os seus objetivos e suas metas

Se você não tem objetivos nem metas, não tem nada!
Arthur Bender

Em 1927, aos 32 anos, Richard Buckminster Fuller (1895-1983), filósofo, inventor, arquiteto, designer e pesquisador norte-americano, estava sem dinheiro, desempregado e vivendo em condições precárias em Chicago. Desiludido e sentindo-se culpado pela morte da filha por pneumonia durante o inverno, pensou em se suicidar. Antes de consumar o ato, teve uma ideia e decidiu fazer uma experiência: descobrir quanto poderia um único indivíduo contribuir para mudar o mundo e beneficiar toda a humanidade.

Durante os cinquenta anos seguintes, Buckminster escreveu 28 livros, foi condecorado 25 vezes, ensinou design em várias partes do mundo e se tornou reconhecido mundialmente por suas ideias, projetos e invenções, que visavam essencialmente a eficiência e o baixo custo de habitações e transportes, e foi um dos principais cientistas e pensadores do século XX. Considerado um visionário, disse: "O propósito de nossa vida é acrescentar valor à vida das pessoas desta geração e das gerações futuras".

O desenvolvimento do potencial do indivíduo deve transcender os limites aos quais sempre esteve confinado. A maioria das pessoas escolhe, entretanto, pensar pequeno porque tem medo do fracasso. Medo do fracasso de pensar grande. Mas, para ter sucesso, é preciso pensar grande! Elas não se julgam suficientemente competentes ou capazes de realizar coisas extraordinárias e não se consideram merecedoras do sucesso. Mas nossa vida não diz respeito somente a nós. É preciso contribuir com algo valioso para a vida das outras pessoas, usar nossos talentos, habilidades e conhecimentos para melhorar a existência delas.

Uma das principais causas da falta de motivação ocorre quando não usamos adequadamente nosso potencial, nosso conhecimento, nossas habilidades e nossa experiência. Isso nos torna infelizes, tristes e desmotivados. Para ter sucesso, é preciso explorar todo o nosso potencial para acrescentar valor a nossa vida, à de nossos filhos e à de nossos semelhantes.

O que você quer conquistar: dinheiro, fama, emprego melhor, ser promovido, dobrar o salário, comprar uma casa no campo ou na praia, reconhecimento, realização profissional, fazer a viagem dos seus sonhos ou participar de um trabalho voluntário? Nossos objetivos e metas pessoais e profissionais tornam-se aquela luz lá na frente que continua a mostrar o caminho e a dizer: "Continue" (Bender, 2009).

Tudo é considerado impossível, até acontecer.
Nelson Mandela

No filme *Amigos, sempre amigos*, de 1991, dirigido por Ron Underwood, há um diálogo entre o personagem de Jack Palance, vencedor do Oscar de melhor ator coadjuvante, e o de Billy Crystal:
– Você sabe qual é o segredo da vida? – pergunta Jack Palance.
– Não, qual é? – responde Billy Crystal.
– Uma coisa, apenas uma coisa. Você se atém a ela e tudo o mais não significa droga nenhuma.
– Isso é ótimo, mas qual é essa coisa?
– É o que você precisa descobrir!

A habilidade de definir seus objetivos e suas metas para realizar seus sonhos é um dos segredos das pessoas de sucesso.

Walt Disney disse: "Se você pode sonhar, pode também realizar!". E Disney realizou coisas extraordinárias. Se quisermos realizar algo, haverá sempre pedras no caminho. Eu também tive as minhas, e todo mundo tem as suas. Os obstáculos, ou as pedras encontradas pelo caminho, não são motivos para desistir. Haverá sempre um jeito de contornar cada obstáculo e perseguir suas metas. Os problemas são, na verdade, os degraus que o levarão à vitória. Na semente de cada dificuldade há sempre uma oportunidade.

> *Tudo que está no plano da realidade já foi sonho um dia.*
> Leonardo da Vinci

Há cinco passos importantes nesse processo. O primeiro e mais importante é saber aonde você quer chegar, o seu propósito de vida, seu sonho. O segundo passo é definir seus objetivos. Terceiro, definir suas metas. Quarto, definir um plano de ação detalhado para cada objetivo e para cada meta. Quinto, a execução do plano, que significa entrar em ação, agir. A atitude de fazer é que faz a grande diferença.

> *O mundo se afasta e dá passagem para o homem que sabe aonde vai.*
> Anônimo

Os objetivos, as metas e o plano de ação deverão ser definidos por escrito. Se você tem como objetivo aprender um novo idioma, defina qual será ele e a data em que pretende começar e terminar o curso. Em seu plano de metas, escreva o nome da escola e cada etapa do curso: básico, intermediário, avançado e fluente, com as respectivas datas. No seu plano de ação, defina a data da matrícula, o horário, a carga horária e o tempo que dedicará aos estudos estabelecidos em cada aula. Quando você escreve, envia automaticamente essas informações para seu cérebro. Assim você ativa as leis da Causa e Efeito, da Atração e da Expectativa.

Nada é tão nosso quanto os nossos sonhos.
Nietzsche

É importante ter objetivos e metas de curto, médio e longo prazos. As metas são etapas, atividades, os passos necessários para realizar seus objetivos. Metas fazem maravilhas, desde que sejam perseguidas com afinco. Qualquer coisa que receba atenção florescerá. Dedique atenção, energia, mantenha o foco e aja na direção do que você quer e terá resultados surpreendentes. Você atrai o que pensa, essa é a lei da causa e efeito, e pode acontecer tanto em sua vida pessoal como na empresa em que trabalha. Se você passar 90% do tempo concentrado no que não quer, é nessa direção que se deslocará. Se pensar no que deseja e mantiver o foco, é para lá que irá caminhar.

As metas precisam ser objetivas, específicas e mensuráveis. Deve-se ter um ponto de partida e um ponto de chegada.

Não adianta desejar "emagrecer" ou "aprender um idioma" se você não traça os parâmetros de começo e fim. Quero um apartamento, mas qual? De que tamanho, que preço, em que bairro? Quanto mais detalhes, melhor.

São eles que ajudam a definir a melhor estratégia e um plano de ação.

> *O primeiro passo para atingir uma meta é convencer-se de que é capaz disso.*
> Julio Lobos

Para definir metas objetivas, específicas e mensuráveis, o segredo é utilizar a ferramenta SMART, inventada por Peter Drucker, considerado o pai da administração moderna. SMART é um acrônimo em inglês com as iniciais das palavras *Specific* (específico), *Measurable* (mensurável), *Achievable* (atingível), *Relevant* (relevante) e *Time-based* (prazo). São princípios que devem ser seguidos e nos ajudam na hora de definir as metas pessoais e profissionais.

A técnica SMART é muito simples de ser aplicada. Basta seguir estas rápidas orientações:

Specific (específico): uma meta precisa ser específica, objetiva, algo que seja facilmente entendido por outra pessoa. Defina as suas metas com clareza.

Measurable (mensurável): é como você irá medir se a meta foi ou não alcançada. Isso é muito importante. Defina o critério para avaliar o resultado final. Indique a base e o período de comparação.

Achievable (atingível): é saber se o seu objetivo ou sua meta é factível. Ela precisa ser desafiadora e motivadora, porém possível de ser atingida. Não adianta nada definir um objetivo lindo se não estiver ao alcance de seus recursos e habilidades.

Relevant (relevante): tanto o objetivo como suas metas precisam ser relevantes dentro do contexto em que você está trabalhando. Precisam ser importantes para você, para sua carreira ou para sua empresa, e você deve se sentir motivado a trabalhar por eles.

Time-based (prazo): seu objetivo e suas metas precisam ter um prazo definido para serem alcançados. Defina o prazo e indique em que data devem ser concluídos.

Ter metas bem definidas é muito compensador e motivador. Para isso, é preciso planejamento para evitar frustrações ou se sobrecarregar com muitas delas. É no planejamento que definimos as estratégias e o caminho a ser trilhado para enfrentar os obstáculos que precisam ser eliminados ou superados e as habilidades que devem ser desenvolvidas. Você precisa acreditar piamente que pode realizar seus sonhos e conquistar o sucesso. E acreditar que merece!

A importância do planejamento

*Quem quiser alcançar um objetivo distante
tem que dar muitos passos curtos.*

Helmut Schmidt

A função do planejamento é avaliar quanto tempo, energia e outros recursos (financeiros, pessoais, de sistemas etc.) são necessários para realizar cada objetivo. "Você pode ter qualquer coisa, mas não tudo ao mesmo tempo", alerta Villela da Matta, Master Coach e presidente da Sociedade Brasileira de Coaching. "Temos a tendência de superestimar o que podemos conquistar em um ano e subestimar o que podemos conquistar em cinco." O objetivo pode ser desafiador, mas factível, desde que seu plano de ação contemple os passos necessários para chegar lá.

Os especialistas orientam a refletir sobre quais são suas verdadeiras motivações. "É importante saber exatamente por que você quer aquilo", diz Villela da Matta. Ele dá o exemplo de duas pessoas que queiram emagrecer: uma para se sentir melhor no vestido de casamento e outra para ter mais saúde. "Ambas podem atingir o objetivo por estratégias totalmente diferentes", explica. Sem esse passo, o esforço pode ser vazio e não trazer o resultado desejado.

Ter disciplina é fundamental. As dificuldades sempre aparecem, e as pessoas acabam entrando num círculo vicioso de rotina e esquecem o que deve ser feito para atingir seus objetivos. O principal obstáculo são os pensamentos limitantes que detonam a motivação. Os mais comuns são: "sou muito velho", "sou muito novo", "não ganho dinheiro suficiente", "sou pobre", "não tenho conhecimento suficiente". "É a principal forma de autossabotagem das pessoas", diz o Master Coach. Outras dicas para fortalecer o processo é colocá-las no papel. "É o primeiro passo para transformar o sonho em realidade", afirma.

Ele recomenda compartilhar os seus objetivos com outras pessoas, gerando comprometimento e recebendo contribuições. Se o indivíduo se sente confortável, vale tudo: dividir as dificuldades com amigos e família, fazer diários e planilhas ou buscar um *coach* para ajudar no processo e "pegar no pé".

O sucesso é uma jornada, é um caminho que precisa ser percorrido! Seus objetivos e suas metas são um mapa desse caminho. **Superar obstáculos e adversidades é uma oportunidade de expandir as fronteiras do conhecimento e do aprendizado** e se manter firme na trilha rumo ao sucesso.

Tenha disciplina na execução do seu plano de ação

Algumas pessoas sonham com o sucesso. Outras levantam cedo e batalham para alcançá-lo.

Anônimo

Sempre que abandonarmos nossos objetivos, começaremos a nos afogar, porque teremos perdido nosso valioso tempo, nossa criatividade e nosso potencial para realizar o que realmente queremos para nossas vidas.

A maioria das pessoas acha que seus maiores problemas se devem a situações e circunstâncias que estão à sua volta, provocados por outras pessoas, pelo gestor, pela empresa, pelo trânsito, mas isso geralmente não é verdade. A maioria das razões tem a ver com sua própria falta de capacidade, habilidade, disciplina ou foco. O princípio 80/20, que abordei no Capítulo 3, parece aplicar-se também à teoria das restrições, e, nesse contexto, 80% das restrições que o estão impedindo de seguir em frente e desenvolver suas atividades com qualidade e atingir suas metas estão dentro de você mesmo, são internas. Apenas 20% das restrições provêm de fatores externos.

Definir os objetivos e as metas é muito importante, mas tem pouco ou nenhum valor se nada for feito, se suas estratégias não forem executadas. É fundamental definir as estratégias, elaborar um plano de ação e ter disciplina na execução. Um plano de ação é como uma pista de corrida. Você sabe onde começa, qual é o trajeto, os pontos críticos para serem superados e aonde você tem que chegar.

Planeje suas estratégias. Sem estratégias as coisas não acontecem. Você fica à deriva. Você precisa ter o controle remoto de sua carreira e de seu desenvolvimento nas mãos.

Desenvolver estratégias ajuda a identificar aquilo que precisa ser feito, como será feito e quais os recursos necessários para atingir suas metas.

Quando você começar a execução de seu plano de ação e se convencer de que é realmente possível alcançar suas metas, você fica mais entusiasmado, com mais energia, melhora sua autoestima e sua autoconfiança. Portanto, tenha disciplina e foco na execução do plano de ação. Ele é sua pista de corrida. Dê a largada e pare somente depois de ultrapassar a linha de chegada!

Mantenha o foco nos seus objetivos

As ideias e as estratégias são importantes, mas o verdadeiro desafio é a sua execução.

Percy Barnevick

A vida moderna é marcada pela correria, e um dos fatores determinantes para ser bem-sucedido é saber definir prioridades.

São nossas escolhas que irão determinar o sucesso ou o fracasso.

É preciso definir as atividades que são importantes para realizar seus sonhos, objetivos e metas. É preciso ter foco!

Muitas pessoas começam uma determinada atividade que as levaria a seus objetivos, mas logo não resistem e não dão sequência a ela. Nessa seara, é incrível o número de indivíduos sem rumo na vida, migrando e realizando trabalhos abaixo de sua capacidade intelectual, com desempenho abaixo de seu potencial. E o tempo passa e muitos se tornam pessoas amargas. Falta foco!

Michael Jordan disse que os pilares de seu sucesso para se tornar o melhor jogador de basquete de todos os tempos foram o espírito de equipe e sua capacidade de fixar metas de curto prazo e manter o foco. "A todo instante eu procurava visualizar aonde queria chegar. Encarava tudo com o meu objetivo em mente. Sabia exatamente aonde queria chegar e mantinha o foco naquela direção."

Passo a passo. Não consigo pensar em nenhum outro modo de realizar algo.

Michael Jordan

José Alencar, vice-presidente da República no período de 2003-2010 e fundador do Grupo Coteminas, disse uma vez: "O sucesso nasce do querer, da determinação e da persistência em se chegar a um objetivo. Mesmo não atingindo o alvo, quem busca e vence obstáculos no mínimo fará coisas admiráveis".

Para ter sucesso e alcançar resultados extraordinários em sua vida pessoal ou profissional, é fundamental ser firme na sua decisão, ter comprometimento, disciplina e foco. É preciso manter-se sempre na direção de seus objetivos e de suas metas.

Mantenha o foco em suas prioridades, no que é importante para realizar seus objetivos e alcançar suas metas. Não perca tempo; o tempo é um recurso limitado e não dá para voltar atrás. Lembre-se destas três palavras: **foco no objetivo.** E surpreenda-se com suas grandes realizações!

Ação

Você nunca sabe que resultados virão da sua ação. Mas se você não fizer nada, não existirão resultados.

Mahatma Gandhi

Gosto de pensar que não existe fracasso, e sim resultado. Sucesso ou fracasso é resultado. É consequência de nossas escolhas, de nossas ações e das decisões que tomamos no passado e no presente. O tempo de agir para alcançar seus sonhos é agora. Já abordamos no Capítulo 3 que o tempo é um recurso limitado, e o que fazemos com ele faz uma grande diferença.

Vimos no Capítulo 1 que conhecimento é valor. É parte do nosso ser e saber. Mas sem ação, sem colocar em prática o que sabemos, sem atitude, o conhecimento não gera nenhum valor. O que realmente importa é o que fazemos com o que sabemos. As coisas não mudam sozinhas; são as pessoas que mudam as coisas. Coloque suas ideias em ação, dê foco a seus objetivos e prioridades, faça acontecer. A ação gera motivação. Se você agir com confiança, alegria e determinação, logo se sentirá realmente entusiasmado!

As pessoas realizadoras têm algumas características em comum: sabem o que querem e aonde querem chegar, entram em ação para alcançar suas metas, avaliam resultados constantemente para assegurar que estão em linha com seus objetivos e têm flexibilidade para mudar seu comportamento até conseguir o que desejam. A chave do poder é agir.

Sem ação e sem trabalho árduo não há resultados concretos. São apenas sonhos!

Trace seu plano e entre em ação. Dê um passo todos os dias em direção a seus objetivos. **Seu futuro depende das escolhas que fizer hoje!**

A palavra-chave deste capítulo é **ação**. É fazer acontecer. A ação é o que separa os realizadores dos sonhadores!

PLANO DE AÇÃO

Reserve algum tempo e escreva seus objetivos e suas metas de curto prazo (até um ano), médio prazo (de um a dois anos) e de longo prazo (acima de dois anos). Para cada objetivo (por exemplo: ser promovido, melhorar a qualidade de vida, melhorar o relacionamento ou fazer uma viagem de férias), trace algumas metas que você precisa alcançar ou realizar para atingir seu objetivo (como fazer um curso, praticar uma atividade física, aumentar sua rede de contatos, mudar um determinado comportamento, fazer uma poupança para comprar uma casa, pagar a faculdade do filho ou para realizar sua viagem dos sonhos). Use o modelo SMART que abordei anteriormente. Isso vai exigir um esforço pessoal para ser realizado, mas é extremamente importante para você, para seu crescimento pessoal e para sua carreira.

A habilidade de definir objetivos e metas por escrito é um dos segredos dos homens e mulheres de sucesso. Com certeza, no plano de ação que você definiu nos capítulos anteriores, como fazer um curso, pode ser indicado novamente, agora usando o conceito do modelo SMART.

Vale compartilhar seu esforço com sua família e seus amigos ou solicitar a ajuda de um *coach*. Com certeza eles irão apoiá-lo e serão solidários com seu esforço.

Escreva a lápis; desse modo você pode fazer correções no texto, ou use folha em branco pautada.

1. _____
   _____
2. _____
   _____
3. _____
   _____
4. _____
   _____
5. _____
   _____
6. _____
   _____
7. _____
   _____
8. _____
   _____
9. _____
   _____
10. _____
    _____

C.A.P.Í.T.U.L.O. 8

Excellence (Excelência)

A BUSCA DA EXCELÊNCIA É UMA CARACTERÍSTICA DAS PESSOAS DE SUCESSO

Excelência é o oitavo pilar da metodologia *ATTITUDE – A chave para o sucesso*. A excelência é resultado da sua capacidade de ver mais longe e antecipar os fatos com proatividade, de sua habilidade de lidar com a adversidade, de executar serviços de qualidade e que atendam às necessidades bem definidas, de oferecer algo de valor para as pessoas de uma forma contínua, da sua capacidade de aprender com os erros e seguir adiante, com coragem e capacidade para tomar decisões, de ter uma energia positiva, de energizar e inspirar as pessoas. O filósofo Aristóteles disse: "A excelência não é um feito, mas um hábito".

O segredo do sucesso não é tentar
evitar os problemas nem se esquivar
ou se livrar deles, mas crescer
pessoalmente para se tornar maior
do que qualquer adversidade.

Problemas, obstáculos e adversidades fazem parte e sempre estarão presentes em nossas vidas. Mas o tamanho do problema nunca é a questão principal. O principal é seu próprio tamanho!

Caso queira fazer uma mudança definitiva em sua vida, redirecione o foco de seus problemas para o tamanho da sua pessoa. Os obstáculos e desafios nunca vão deixar de existir. Mas você pode se tornar uma pessoa maior, mais bem preparada, com competências pessoais e técnicas altamente desenvolvidas, minimizando suas limitações pessoais e tornando-se maior do que seus desafios.

Seu potencial se desenvolve sempre que você consegue lidar bem com uma dificuldade. Todo problema contém uma semente da própria solução, e não há problema que não possa ser resolvido, basta desenvolver suas competências e técnicas de geração de ideias para encontrar a solução.

Pessoas fracassadas são orientadas para os problemas. Perdem tempo, energia e estão sempre se queixando. Pessoas bem-sucedidas direcionam o foco para a solução dos problemas e usam a criatividade, técnicas e ferramentas para encontrar soluções inovadoras e criativas. Elas empregam sua energia e seu tempo pensando em estratégias para superar as dificuldades, enquanto se mantêm concentradas nas metas e nos objetivos, não nos obstáculos.

Outra qualidade das pessoas de sucesso é a ambição de se tornar o melhor ou ser o melhor em tudo que faz. Tornar-se uma referência no trabalho, em sua empresa, qualquer que seja sua atividade. Pessoas com essa qualidade pensam grande e lançam metas desafiadoras para si mesmas de forma contínua, com disciplina, persistência, confiança e entusiasmo. Elas planejam e trabalham para exceder as metas, não se contentam em atingi-las, mas constantemente buscam excedê-las.

Quanto mais alta sua autoestima, mais confiante você fica. Quanto maior sua autoconfiança, maior sua capacidade de assumir riscos. Quanto maior sua fé de que o universo conspira a seu favor e você merece, com mais energia você fica. Quanto mais dedicado a aprender e colocar em prática o aprendizado, mais rápido você se torna um especialista em sua área. Quanto melhor você se tornar em sua área ou em seu campo de atuação, mais valorizado você se torna. É um processo virtuoso!

A busca da excelência é uma característica das pessoas bem-sucedidas e se torna uma vantagem competitiva no âmbito profissional. Por isso, sua busca deve ser contínua. Desenvolver uma área de excelência em seu trabalho é fazer a diferença. É aumentar a sua empregabilidade. A excelência é um dos fatores determinantes do sucesso de qualquer pessoa ou negócio.

As pequenas diferenças nas habilidades podem garantir enorme diferença nos resultados. Pesquisas revelam que pessoas mais eficientes em suas áreas são apenas um pouco melhor nas coisas críticas que fazem. Nos esportes, uma prova de automobilismo, atletismo ou natação é decidida por décimos de segundos. De fato, ser um pouco melhor de uma forma consistente cria uma diferença enorme nos resultados finais.

Tudo que você precisa é ser um pouco melhor em cada uma das atividades-chave que você faz em seu trabalho e procurar manter ou melhorar seu desempenho através do aprendizado contínuo e da prática. Se você se empenhar em conquistar uma pequena melhoria dos fatores-chave e críticos de seu trabalho todos os dias, em pouco tempo chegará ao topo em sua área e entrará na tela do radar. Para entrar na tela do radar, a primeira e melhor maneira de ser notado é obtendo resultados.

Não é possível ser bom pela metade.
Tolstói

Para chegar lá, o primeiro passo é identificar os fatores-chave e críticos para o sucesso de seu trabalho. Peça o apoio de seu gestor para essa tarefa. O segundo passo é estabelecer um plano de ação para aumentar seu conhecimento e competências em cada fator-chave ou crítico de seu trabalho. Contar com o apoio de seu gestor, mentor, *coach* ou colega de sua confiança para ajudá-lo nessa etapa é essencial. O terceiro passo é a atitude de tomar a decisão de agir e entrar em ação. O quarto passo é fazer o acompanhamento de seu progresso, pedir *feedback* e, se necessário, definir novas estratégias para atingir seus objetivos.

Cada passo irá, então, aumentar sua autoestima, sua automotivação, sua energia, e o deixará mais perto de seus objetivos. Se você persistir no princípio da excelência, pautado nos valores da ética, da meritocracia e da transparência, com resiliência, assertividade e com a mente aberta para a inovação, terá encontrado os principais segredos para a realização profissional.

A inovação surge de acreditar
que tudo pode ser melhorado.
Robert H. Dennard

Resiliência é a capacidade de um indivíduo lidar com problemas, superar obstáculos e resistir à pressão em situação de estresse e adversidade, mantendo o equilíbrio emocional. É a capacidade humana de se adaptar a experiências difíceis ou desafiadoras através da flexibilidade mental, emocional e comportamental. É uma competência que pode ser aprimorada, pois reúne tanto autoconhecimento quanto atitudes e habilidades.

Assertividade é a capacidade do indivíduo de expressar e defender seus sentimentos, ideias e opiniões de maneira livre, aberta e transparente, com confiança em si mesmo e habilidade social. Ser assertivo é dizer o que pensa com sinceridade, sem se deixar influenciar, sem manipular as pessoas, mantendo o estado emocional propício a condutas corretas e atitudes positivas.

O fantástico poder das ideias

*Não há nada tão poderoso como
uma ideia cujo tempo chegou.*
Victor Hugo

Para tornar a excelência uma realidade, precisamos criar o hábito de transformar os problemas em oportunidades. Não existe nada mais animador do que a sensação gerada por uma ideia nova e poderosa. É por meio das ideias que o homem evolui. Mesmo um simples pensamento isolado pode mudar a vida de milhões de pessoas. O desafio é se manter criativo. Nosso objetivo de vida não é superar os outros, mas superar a nós mesmos. Quebrar nossos próprios recordes, aperfeiçoar nossos métodos e processos de trabalho e surpreender.

Para atingir essa meta, o segredo é usar o incrível poder da criatividade.

A criatividade é o processo de gerar, desenvolver e transformar ideias em algo de valor.

É um processo que pode ser analisado, ensinado, mensurado e gerenciado. É a arte de conceber, de gerar ideias novas.

Para desenvolver ideias criativas, é preciso se livrar dos julgamentos e se permitir pensar, criar, ousar, inovar. É deixar a mente brilhar. As ideias são as chaves do futuro! Tudo que existe no mundo é fruto das ideias, e muitas delas vieram de pessoas simples, humildes. Você é um gerador de ideias em potencial. O que precisa é liberar, destravar esse potencial para que encontre ideias criativas e soluções inovadoras para um mundo cheio de oportunidades.

Uma dica para estimular sua própria criatividade é fazer perguntas bem focadas, objetivas, provocativas, desafiadoras, pois elas ativam sua mente. Quando você tiver um problema para ser resolvido, faça um teste com duas ou três perguntas sobre o problema e você vai se surpreender com as suas próprias ideias.

A mente que se abre a uma nova ideia jamais voltará ao seu tamanho original.

Albert Einstein

Muitas pessoas acreditam que todas as grandes ideias já foram pensadas. Não acredite nisso! Há oportunidades em cada novo projeto, em cada plano a ser executado, em cada novo produto, em cada atividade, em todo lugar. As principais barreiras para o novo em qualquer área são as que nós mesmos criamos em nossas mentes! Há sempre espaço para criar, para inovar. A base pode estar repleta de gente. O meio pode estar um pouco congestionado, mas no topo há sempre espaço para a criatividade, para o novo.

A criatividade surge da amplitude interna. Sua capacidade de dominar o poder mental e liberar suas capacidades criativas é essencial para seu sucesso. Estar aberto a novas perspectivas e aprender a cada nova experiência são atitudes positivas.

Elmer Letterman, um dos vendedores mais brilhantes dos Estados Unidos, disse: "Em qualquer atividade, o ser humano pode dobrar sua capacidade de produção da noite para o dia se começar a fazer imediatamente tudo que sabe que precisa fazer e parar de fazer as coisas que não deve fazer". De acordo com o pensamento de Letterman, nós mesmos somos os responsáveis por bloquear o caminho que nos levaria ao sucesso. Por quê? O que nos impede de agir, de entrar em ação? O que nos impede de colocar em prática muitas das nossas boas ideias? O que nos leva a postergar e até esquecer de executar as estratégias que nos levarão ao sucesso? A resposta para essas questões são as nossas limitações pessoais e as armadilhas mentais, que abordamos no Capítulo 5, como a falta de autoconfiança, o conformismo e o medo de correr riscos ou as nossas habilidades e competências pessoais-chaves pouco desenvolvidas, como o autoconhecimento, motivação, coragem, iniciativa e resiliência. Ou, ainda, porque perdemos o foco e nos desviamos de nossos objetivos.

> *Os vencedores sempre fazem mais, muito mais que o suficiente.*
> Stan Rapp e Tom Collins

Se você tem o hábito de chegar atrasado às reuniões de trabalho, ou durante as reuniões fica olhando para o celular toda vez que a luz acende alertando que chegou uma nova mensagem, se leva seu computador e fica lendo e respondendo aos e-mails, está na hora de rever suas atitudes. Sua imagem poderá ser afetada, e você poderá perder uma ótima oportunidade de expor suas ideias, de contribuir na busca de alguma solução e de manter o foco nos assuntos que estão sendo tratados pelos colegas e que merecem sua atenção. Caso o assunto não seja de seu interesse e você se julgue incapaz de dar uma contribuição, o melhor é recusar o convite e dar prioridade aos assuntos considerados mais importantes.

Todos os dias fazemos escolhas e tomamos decisões que irão impactar nosso futuro, o de nossas famílias, da nossa carreira ou de nossos negócios. As estratégias e as escolhas que você definir ou fizer hoje serão decisivas para seu futuro e seu sucesso. Muitas vezes escolhemos a alternativa "a" ou "b" sem fazer um diagnóstico adequado. Uma boa dica para desenvolver ideias criativas e o hábito da excelência é utilizar alguma técnica ou ferramenta para estimular a geração de ideias e avaliação de cenários, sempre que necessário ou quando a situação requerer uma avaliação mais profunda.

Quando temos que tomar uma determinada decisão, geralmente os aspectos emocionais têm uma ascendência sobre nossos pensamentos, o que nos leva muitas vezes a optar por uma alternativa movida pela emoção e não pela razão. Aceito uma proposta para mudar de emprego ou para uma nova função? Compro um carro novo? Devo investir na compra de um imóvel? Qual é a melhor estratégia para o meu negócio? Faço um curso de capacitação ou especialização? Que ferramentas posso utilizar para monitorar a implantação de um projeto na empresa em que trabalho? Como gerar ideias criativas?

A capacidade de tomar boas decisões
e fazer escolhas certas é uma das
habilidades mentais mais críticas
dos homens e mulheres de sucesso.

Nessas situações, é importante manter um equilíbrio entre os fatores emocionais e racionais, utilizar alguma técnica ou ferramenta ou simplesmente tomar nota em uma folha de papel para organizar suas ideias e servir como instrumento de apoio para avaliar a situação e as alternativas possíveis de uma forma mais organizada e equilibrada.

Várias dessas técnicas e ferramentas são utilizadas no mundo dos negócios, e algumas delas também podem ser aplicadas na vida pessoal e na carreira. Não tenho aqui a pretensão de me aprofundar nos requisitos para utilização dessas ferramentas, que poderão ser encontrados em livros técnicos especializados, de administração ou engenharia, mas tão somente realçar a importância de uso das técnicas e ferramentas como instrumentos de apoio em sua vida pessoal e profissional, como a técnica de *brainstorming* (tempestade de ideias), a Análise SWOT e o Ciclo PDCA, cada uma delas com suas particularidades e objetivos específicos.

Brainstorming
(Tempestade de ideias)

Quem deseja ver o arco-íris precisa aprender a gostar da chuva.

Paulo Coelho

Brainstorming (expressão em inglês que significa "tempestade cerebral" ou tempestade de ideias) é uma técnica de dinâmica de grupo desenvolvida para explorar a potencialidade criativa de um indivíduo ou grupo de seis a doze pessoas, com objetivos específicos, e que se utiliza das diferenças de pensamentos de cada participante e das ideias do grupo para chegar a um denominador comum com qualidade.

Essa técnica é muito simples e eficaz, e é bastante utilizada nas empresas, seja para a escolha do nome de um produto, de uma nova marca ou até para a resolução de problemas. É preferível que as pessoas envolvidas nesse método sejam de setores e competências diferentes, com experiências diversas, gerando assim ideias inovadoras ao longo do processo de sugestões.

A duração de uma sessão de *brainstorming* é de cerca de trinta minutos ou no máximo uma hora, e as pessoas escolhidas devem estar familiarizadas com o problema ou a causa. É recomendável que os participantes tenham o mesmo nível hierárquico para encorajar a liberdade de expressão.

Há quatro regras básicas para a prática de *brainstorming*:

• Qualquer ideia é aceita. Críticas são rejeitadas, encorajando os participantes.

- A criatividade é bem-vinda, aumentando o número de ideias.
- Quanto mais ideias forem geradas, maior a possibilidade de encontrar uma ideia de qualidade.
- A combinação e o aperfeiçoamento das ideias são aceitáveis, pois uma ideia pode levar a outra, gerando ideias adicionais e complementares.

As sessões de *brainstorming* devem ser conduzidas por um líder familiarizado com o processo e focado no problema enunciado. Ao final das sessões, um grupo de avaliação, de três ou cinco pessoas, deverá avaliar todas as ideias e selecionar as melhores para serem implementadas ou separadas para um estudo adicional.

Análise SWOT

A Análise SWOT é uma ferramenta de planejamento estratégico bastante difundida nas organizações. É uma ferramenta de fácil utilização e pode ser aplicada em diversas situações, como o lançamento de um produto, para analisar o mercado, a concorrência, a força de uma marca, da empresa ou um negócio específico. SWOT é um acrônimo em inglês que significa:

Strenghts (forças)
Weaknesses (fraquezas)
Opportunities (oportunidades)
Threats (ameaças)

Na Análise SWOT (ou FOFA, em português – Forças, Oportunidades, Fraquezas e Ameaças), as forças e fraquezas são determinadas pela situação atual e se relacionam, quase sempre, a fatores internos. Já as oportunidades e ameaças são ocorrências que poderão acontecer no futuro e estão relacionadas a fatores externos. A prática da Análise SWOT pode ser uma grande aliada na avaliação de situações como ferramenta de suporte no processo de tomada de decisões e como importante ferramenta no planejamento estratégico.

A Análise SWOT também pode ser utilizada para avaliar as competências, habilidades e características de um indivíduo (SWOT pessoal) como ferramenta de apoio e autoconhecimento. Liste suas forças, fraquezas, oportunidades e ameaças em cada um dos quatro quadrantes em uma folha de papel e faça um exercício de autorreflexão.

Com ela, você vai se conhecer melhor e traçar um plano de ação para seu desenvolvimento pessoal e profissional.

FERRAMENTA ANÁLISE SWOT

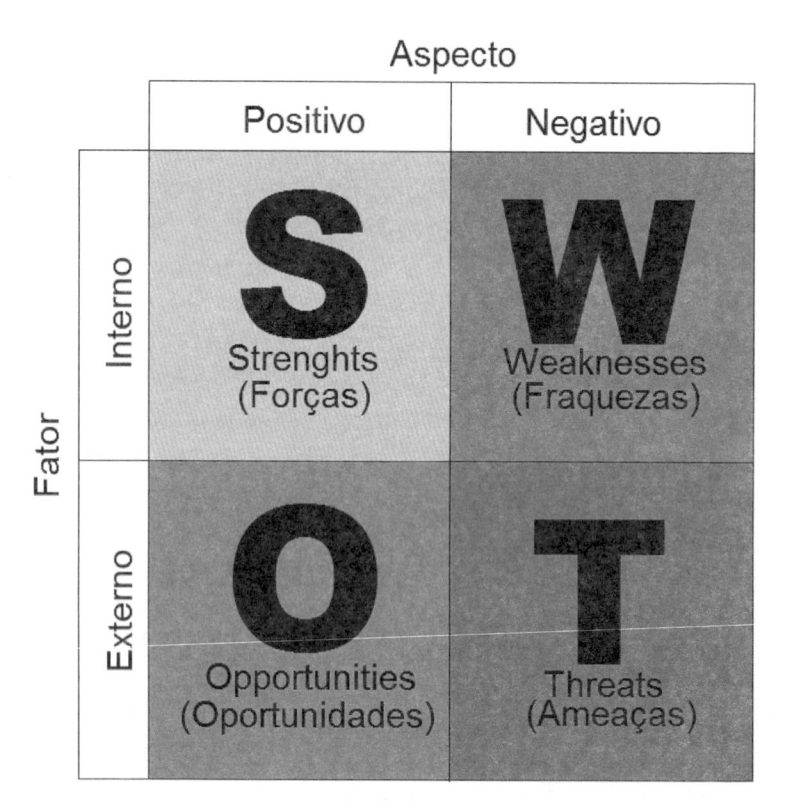

	Aspecto	
	Positivo	Negativo
Fator Interno	**S** Strenghts (Forças)	**W** Weaknesses (Fraquezas)
Fator Externo	**O** Opportunities (Oportunidades)	**T** Threats (Ameaças)

Fonte: blogadministradoras.wordpress.com

Ao avaliar seu relatório SWOT pessoal, você deve encarar os aspectos negativos – fraquezas e ameaças – sob uma perspectiva positiva. São, na verdade, características pessoais, comportamentos e competências com grande potencial de desenvolvimento, e podem levar a resultados excepcionais. Portanto, se você avaliar dessa forma, poderá descobrir que os pontos negativos são oportunidades para seu crescimento pessoal e profissional. Defina suas estratégias e um plano de ação e coloque em prática imediatamente. **Portas fechadas são apenas oportunidades para você criar suas próprias janelas.**

Ciclo PDCA

O Ciclo PDCA foi idealizado por Walter Andrew Shewhart e divulgado por William Edwards Deming, o guru da gestão da qualidade total, que efetivamente o aplicou.

O Ciclo de Deming tem por princípio tornar mais claros e ágeis os projetos de gestão da qualidade e melhoria contínua, otimizando a execução dos processos, a redução de custos, o aumento de produtividade e a satisfação do cliente. Sua aplicação ocorre em todas as fases do projeto, gerando melhorias gradativas e contínuas que agregam valor ao projeto e geram satisfação aos clientes ao longo do processo.

O PDCA é aplicado principalmente nos sistemas de gestão, e pode ser utilizado em qualquer empresa de pequeno, médio ou grande porte, do setor industrial ou de serviços, para gerenciamento de um projeto ou uma iniciativa de melhoria da qualidade. São quatro etapas básicas, com foco na melhoria contínua, que vêm ajudando pessoas e empresas a estruturar o pensamento, ordenar esforços e planejar qualquer tipo de projeto, dos simples aos mais complexos. O PDCA destaca-se por sua simplicidade.

O primeiro passo do Ciclo PDCA é o planejamento. O segundo passo é a execução do que foi planejado. O terceiro passo é verificar se o que foi feito estava de acordo com o planejado e se os resultados foram atingidos. Finalmente, define-se uma ação corretiva para eliminar ou reduzir algum desvio na execução. A frequência para verificar os resultados e definir novas estratégias e ações pode ser semanal, quinzenal ou mensal, de acordo com a necessidade, repetidamente, ou seja, ciclicamente. É um ciclo virtuoso!

No gráfico a seguir mostramos o modelo do Ciclo PDCA, que deve ser usado no sentido horário.

CICLO PDCA DE DEMING

Action
Tomar ações com base nas descobertas do passo 3

Plan
Preparar um Plano

Check
Avaliar os Resultados

Do
Implementar o Plano

Fonte: www.consultoriadsd.wordpress.com

Os passos para utilização do PDCA são os seguintes:

Plan (Planejar): estabelecer os objetivos e processos necessários e definir as metas. É a definição do projeto, das metas e elaboração do plano de ação.

Do (Executar): é a fase de execução das atividades, conforme definido no plano de ação.

Check (Verificar): avaliar os resultados obtidos em relação àqueles planejados.

Action (Ação): esta etapa compreende as ações corretivas necessárias sobre os desvios apurados e a avaliação dos resultados. Verificar se é necessário elaborar um novo plano de ação, aprimorando a execução para melhorar a eficiência.

O uso de técnicas e ferramentas, como o *brainstorming*, a Análise SWOT e o Ciclo PDCA, entre outras, é uma estratégia para melhorar a eficácia de seu trabalho e agrega um valor inestimável a seu projeto pessoal de se tornar um profissional diferenciado, que prima pela busca contínua da excelência.

Seja o protagonista de sua história

Cedo ou tarde, o homem que vence é aquele que pensa que pode conseguir.
Arnold Palmer

Encontrar a chave para o sucesso nem sempre é fácil. É sutil, pode parecer engenhoso, mas é perfeitamente possível. Eu encontrei a minha! Você dispõe da metodologia ATTITUDE – A chave para o sucesso, um livro-guia para ajudá-lo em sua caminhada. E o mais importante: você sabe que tem um grande potencial que pode levá-lo a decifrar o segredo da chave para o sucesso. Tome a decisão e assuma a responsabilidade pelo que acontece em sua própria vida. Você tem que assumir seu controle remoto, em vez de deixá-lo nas mãos de outra pessoa.

Você é o responsável pela definição de seus objetivos, de suas metas e das estratégias que irá realizar seus sonhos. Adote atitudes positivas e espalhe-as ao seu redor. Utilize plenamente seu conhecimento, habilidades e seu precioso tempo para realizá-las. Não faça o papel de vítima. O papel de vítima é o de justificativas, de desculpas, autossabotagem, de mágoas e ressentimentos.

Seja protagonista! O papel do protagonista é o de superar desafios.

Produza resultados extraordinários e surpreendentes em sua vida. Seu lugar é no palco!

Em toda a minha carreira profissional usei intuitivamente uma regra que chamo de Regra dos 110%. Essa regra é muito simples: faça 100% do seu trabalho e mais 10%. Você sabe que sempre é possível fazer um pouco, contribuir um pouco mais. Quando você faz um pouco mais, entra na tela do radar e percebe que a concorrência é menor. Há um provérbio que diz: "Não há engarrafamento na milha extra". O caminho até o sucesso é universal, e pode ser percorrido por qualquer pessoa, mas a forma que motiva grandes realizações tem uma única fonte: o íntimo de cada um.
Conheça e desafie seus limites e faça as escolhas certas. Se você não souber fazê-las, poderá perder aquela vantagem que todos buscamos para nos manter à frente. Acredite em si mesmo e lembre-se de que seu futuro é resultado das escolhas que você faz hoje.

As palavras indicam o caminho, mas só as atitudes promovem mudanças.

Seja positivo. Ter uma visão positiva do futuro e estar sempre evoluindo é uma característica das pessoas de sucesso. E ser otimista é procurar constantemente ser o melhor naquilo que faz com competência. É saber trabalhar em equipe, com motivação para atingir resultados de maneira contínua.

Seja proativo. As pessoas proativas sabem que a adversidade é o melhor dos mestres e enfrentam os desafios um a um. Nunca se sentem vítimas das circunstâncias. O sucesso tem tudo a ver com saber lidar com os pequenos fracassos. No filme "Mulan", da Disney, há uma mensagem que diz: "A flor que desabrocha na adversidade se torna a mais rara e bela de todas".

"Devemos nos tornar a mudança que queremos para o mundo."
Gandhi

Desenvolva sua autoconfiança. Ela é o caminho que liga seus sonhos a suas metas. É a energia que nos dá força para encarar os desafios. Quando a autoconfiança e a motivação andarem de mãos dadas, você terá encontrado um dos segredos da chave para o sucesso.

Seja curioso. A curiosidade é a habilidade que o faz aprender constantemente. Se você quer realmente crescer em sua vida, aprenda a ser tão curioso quanto uma criança, cultivando a humildade e tendo consciência de que a vida é um processo de aprendizado permanente. Uma mente curiosa está sempre em busca de novos conhecimentos, é uma eterna fonte de saber e aprendizado.

Seja persistente. Nada no mundo substitui a persistência. Nem o talento, nem a inteligência. O mundo está cheio de pessoas talentosas fracassadas. Persistência e determinação são onipotentes. Você pode realizar qualquer coisa. É o toque de despertar para a vontade humana. Quando se põe a alma e o coração no trabalho, não há como perder. Mas, quando não se põe, sempre perdemos para alguém.

Pense no longo prazo. Um problema de muitos profissionais é pensar apenas no curto prazo e tomar decisões que não fazem sentido com suas estratégias de longo prazo. Claro que ter metas de curto prazo é extremamente importante, é fundamental, pois são as etapas ou conquistas que o levarão à etapa seguinte. Porém, é preciso alinhar as metas de curto prazo com seus objetivos de longo prazo. Tudo que fazemos deve ter um sentido maior, um significado maior, um propósito em nossas vidas.

Ultrapasse seus limites. Para alcançar o sucesso, você não precisa competir com ninguém. Precisa competir com você mesmo.

Ultrapassar seus limites, vencer seus medos, superar as dificuldades, correr em busca de seus sonhos e objetivos. O ser humano tem a mania de se comparar com o outro, com o colega. Mas o que realmente importa é se você está utilizando todo seu potencial e realizando quanto poderia. Esse é um dos segredos para encontrar a chave para o sucesso. Sucesso é conquistar e sustentar sua própria conquista!

A palavra-chave deste último capítulo é **paixão**. As pessoas que realizam seus sonhos, que transformam seus objetivos em realidade são pessoas apaixonadas pelo que fazem. A paixão ativa a energia e se manifesta como otimismo, empolgação e entusiasmo. A paixão lhe dá o impulso extra de que necessita. É o que energiza nossa vida e nos impulsiona. É o que alimenta nossa visão, nosso propósito de vida e a disciplina. O dinheiro vem por consequência. Se a paixão pelo que faz corre em suas veias, com determinação e comprometimento com a excelência e com resultados, certamente você vai brilhar.

BIBLIOGRAFIA

ANDRÉS, Verônica de; ANDRÉS, Florencia. *Autoconfiança: como deixar de duvidar de si e encarar a vida de frente*. São Paulo: Academia de Inteligência, 2010.

ASSUMPÇÃO, Alfredo. *Gestão sem medo. Muito se pode criar, tudo se pode mudar*. São Paulo: Saraiva, 2006.

BARBOSA, Christian. *A tríade do tempo*. Rio de Janeiro: Sextante, 2011.

BENDER, Arthur. *Personal Branding. Construindo sua marca pessoal*. Rio de Janeiro: Integrare, 2009.

BLANCO, Roberto Álvarez del. *Você marca pessoal*. São Paulo: Saraiva, 2010.

BRANSON, Richard. *Like a Virgin*. São Paulo: Saraiva, 2012.

CHOPRA, Deepak. *As sete leis espirituais do sucesso*. Rio de Janeiro: Best Seller, 2003.

COLEMAN, J. Harvey. *Empowering Yourself*. Rio de Janeiro: The Organizational Game Revealed. 1996.

CONVEY, Stephen. *Os 7 hábitos das pessoas altamente eficazes*. Rio de Janeiro: Best Seller, 2006.

CURY, Augusto. *O código da inteligência*. São Paulo: Thomas Nelson Brasil e Ediouro, 2008.

Seja líder de si mesmo. Rio de Janeiro: Sextante.

EKER, T. Harv. *Os segredos da mente milionária*. Rio de Janeiro: Sextante, 2005.

FALCONI, Vicente. *O verdadeiro poder*. Rio de Janeiro: INDG, 2009.

FLIPPEN, Flip. *Pare de se sabotar e dê a volta por cima*. Rio de Janeiro: Sextante, 2010.

FRANKL, Victor. *Em busca de sentido*. Rio de Janeiro: Vozes, 1994.

GITOMER, Jeffrey. *O livro negro do networking*. São Paulo: M.Brooks, 2006.

GOLDSMITH, Marshall; LYONS, Laurence; FREAS, Alyssa. *Coaching: o exercício da liderança*. 9a ed. Rio de Janeiro: Campos-Elsevier, 2003.

GOLEMAN, Daniel. *Inteligência emocional*. São Paulo: Objetiva, 1995.

GRAMIGNA, M. R. *Modelo de competências e gestão de talentos*. São Paulo: Makron Brooks, 2002.

GSCHWANDTNER, Gerhard. *Aprendendo com o sucesso*. Rio de Janeiro: Sextante, 2010.

HILL, Napoleon. *Quem pensa enriquece*. São Paulo: Fundamento, 2009.

HILSDORF, Carlos. *Atitudes vencedoras*. São Paulo: Editora Senac, 2003.

IMAGINEERS, a equipe de criação da Disney. *Se você pode sonhar, pode fazer!* São Paulo: Panda Books, 2009.

JORDAN, Michael. *Nunca deixe de tentar*. Rio de Janeiro: Sextante, 2009.

KLEIN, Ruth. *Segredos de administração do tempo para a mulher que trabalha*. São Paulo: Harbra, 2009.

KOCH, Charles G. *A ciência do sucesso*. São Paulo: Landscape Editora, 2008.

MAXWELL, John. *A arte de influenciar pessoas*. São Paulo: Mundo Cristão. 2011.

Vencendo com as pessoas. Ed. Thomas Nelson Brasil, 2008.

Você faz a diferença. Como sua atitude pode revolucionar sua vida. Ed. Thomas Nelson Brasil, 2006.

MUSSAK, Eugenio. *Gestão humanista de pessoas*. O fator humano como diferencial competitivo. São Paulo: Elsevier, 2010.

NAVARRO, Leila; GASALLA, José Maria. *Confiança, a chave para o sucesso pessoal e empresarial*. São Paulo: Integrare, 2007.

RANGEL, Alexandre. *O que podemos aprender com os gansos*. São Paulo: Original. 2009.

RAY, James Arthur. *A ciência do sucesso*. São Paulo: Rocco, 2009.

RIBEIRO, Dr. Lair. *Comunicação global*. A mágica da influência. São Paulo: Objetiva, 1993.

RIZZI, Márcia; SITA, Maurício. *Ser+ com equipes de alto desempenho*. São Paulo: Ser Mais, 2012.

ROBBINS, Anthony. *Poder sem limites*. Rio de Janeiro: BestSeller, 2009.

Desperte seu gigante interior. Rio de Janeiro: BestSeller, 2009.

SENGE, Peter. *A quinta disciplina*. São Paulo: Nova Cultural, 2001.

SHINYASHIKI, Roberto. *O sucesso é ser feliz*. Rio de Janeiro: Editora Gente, 1997.

SIEGER, Robin. *As 7 lições das pessoas que vencem na vida*. São Paulo: Landscape, 2005.

STAMATEAS, Bernardo. *Autossabotagem*. São Paulo: Ed. Academia de Inteligência, 2010.

WELCH, Jack. *Paixão por vencer*. Rio de Janeiro: Campus Elsevier, 2005.

WONG, Robert. *O sucesso está no equilíbrio*. Rio de Janeiro: Campus Elsevier, 2006.

Artigos: Revista Administradores.com, disponível em: <site: www.administradores.com.br>